Für meine
liebe Hedel,
zur Erinnerung

Weihnacht 2008

Gloria von Thurn und Taxis
Joachim Meisner

Die Fürstin und der Kardinal

Ein Gespräch über Glauben und Tradition

Herausgegeben von
Johannes Marten

HERDER

FREIBURG · BASEL · WIEN

© Verlag Herder GmbH, Freiburg im Breisgau 2008
Alle Rechte vorbehalten
www.herder.de

Satz: Barbara Herrmann, Freiburg
Herstellung: fgb · freiburger graphische betriebe
www.fgb.de
Gedruckt auf umweltfreundlichem, chlorfrei gebleichtem Papier
Printed in Germany

ISBN 978-3-451-29871-4

Inhaltsverzeichnis

Vorwort   7

„Die Hand an der Zeit – und am Ursprung"   9
„Die Heiligen sind uns nah" 13
„Maria – die liebende Mutter" 22
„Tut dies zu meinem Gedächtnis" 26
„Licht schauen in der Finsternis" 30
„Jesus hat Nachfolger berufen – keine Schule gegründet" 34
„Gott ist die Mitte der Geschichte – nicht der Mensch" . . 38
„Mein Reich ist nicht von dieser Welt" 44
„Helfen, das Kreuz zu tragen" 50
„Du musst Papst werden!" – „Tut mir das nicht an" . . . 54
„In Gemeinschaft mit dem Papst und den Bischöfen" . . . 60
„Probleme sind nicht allein mit Geld zu lösen" 66
„Wo zwei oder drei in meinem Namen versammelt sind …" 70
„Überlebensrettende Verbindung mit Rom" 76
„Unser erster Auftrag ist die Seelsorge" 81
„Unser Profil droht verlorenzugehen" 87
„Schenkt dem Herrn eine halbe Stunde am Tag" 91
„Bei Gott ist jeder die Hauptperson" 98
„Liturgie – gewachsene Nähe Gottes zu uns Menschen" . 100
„Christus nimmt mich mit zum Vater" 110
„Eine Familie ist nur gesund, wenn die Ehe gesund ist" . 114
„Redet miteinander – und schaut euch an" 120
„Wir haben Anteil an der Treue Gottes zur Welt" 123
„Was macht der Mensch nur aus dem Menschen?" 135
„Gott hat mich im Mutterleib berufen" 139

„Den Menschen in Frieden sterben lassen" 142

„Der Schöpfer des Himmels und der Erde" 148

„Der Liebe Gott hat mich gewollt" 156

„Natürliche Empfängnisregelung ist möglich" 162

„Sünde ist immer verratene Liebe" 168

„Werte können nur aus der Wahrheit kommen" 177

„Wir sind frei, zu Gott Ja oder Nein zu sagen" 181

„Fähig werden, die Fülle Gottes zu schauen" 185

Vorwort

Die bloße Prominenz von zwei Gesprächspartnern rechtfertigt noch lange kein Buch. Schon gar nicht, wenn das Streitpotential zwischen beiden von vorneherein begrenzt ist. Warum also dieses Buch? Die Antwort gibt der Titel: „Die Fürstin und der Kardinal".

Da ist auf der einen Seite eine Frau, die in Togo und Somalia aufwächst, im Alter von 20 Jahren Europas begehrtesten Junggesellen Fürst Johannes von Thurn und Taxis heiratet, aus einer kleinen WG ins Regensburger Schloss St. Emmeram mit seinen mehr als 500 Zimmern umzieht, zwei Töchter und einen Sohn zur Welt bringt und fortan der Mittelpunkt sämtlicher Partys zwischen München und New York ist.

Auf der anderen Seite ein Mann, der 1933 in Schlesien zur Welt kommt, Vater und Heimat im Krieg verliert, nach Thüringen flüchten muss und sich nach einer Banklehre entscheidet, katholischer Priester zu werden. 1975 wird er zum Weihbischof in Erfurt-Meiningen ernannt, fünf Jahre später überträgt Papst Johannes Paul II. ihm die schwierigste Aufgabe, die er in der damaligen Zeit zu vergeben hat: Bischof von Ost- und West-Berlin, Dienstsitz: DDR.

Ende der 80er, Anfang der 90er Jahre ändert sich das Leben aber für beide schlagartig: Die Fürstin ist gerade 30 Jahre alt, als ihr Mann stirbt. Die junge Witwe konzentriert sich nun auf die Erziehung ihrer Kinder und die Sanierung des angeschlagenen Thurn-und-Taxis-Imperiums. Die breite Öffentlichkeit hört erst wieder von ihr, als das US-Wirtschaftsmagazin „Business Week" sie 2002 zur „zehntbesten Finanzmanagerin" kürt.

Während die eine untertaucht, macht der andere umso mehr von sich reden: Kardinal Meisner wird 1988 zum Erzbischof von Köln berufen, gegen seinen eigenen Willen und auch gegen den des damaligen Domkapitels. Seitdem zeigt er sich als streitbarer Kirchenmann an der Spitze von Deutschlands größtem und einflussreichstem Bistum.

Die Fürstin und der Kardinal – unterschiedlicher können zwei Leben in Deutschland also kaum sein. Was aber verbindet sie? Natürlich ihr Glaube und ihre Liebe zur Tradition der Kirche. Um beides geht es in diesem Buch. Aber sie verbindet noch etwas: Der neugierige und zugleich kritische Blick auf die Gegenwart, das Interesse an den großen Themen unserer Zeit und die seltene Angewohnheit, für ihre Meinung lieber ab und zu Prügel zu beziehen, als damit hinter dem Berg zu halten.

Kurz bevor die Fürstin den Kölner Erzbischof im Regensburger Schloss begrüßte, sagte sie: „Ich habe die Chance, einem Kardinal die Fragen zu stellen, die ich jeden Tag an das Leben habe. Was will ich mehr?" Joachim Meisner hat überraschend offen geantwortet und ebenso interessiert zurückgefragt. So ist ein Buch entstanden, das nicht nur Einblicke in zwei außergewöhnliche Biographien gibt, sondern auch verdeutlichen soll: Ob Fürstin oder Kardinal – Christsein ist immer ein Ringen mit dem eigenen Glauben und mit dem ungeheuren Anspruch, den die Lehre des Jesus von Nazareth an unser Leben stellt.

Johannes Marten

„Die Hand an der Zeit – und am Ursprung"

FÜRSTIN GLORIA: *Eminenz, zu Beginn unseres Gesprächs über Glauben und Tradition habe ich eine Frage zu einem alten Brauch. Ich habe Ihnen zur Begrüßung den Bischofsring geküsst. Ich bin so erzogen worden und habe das nie groß hinterfragt. Was hat es damit auf sich?*

KARDINAL MEISNER: Der Ringkuss war früher nicht nur bei einem Bischof üblich, sondern auch bei einem Fürsten, bei einer Person, die eine Autorität verkörperte. Da hat man als ein Zeichen der Ehrfurcht den Ring geküsst, wie man ja auch einer Dame die Hand küsst. In Polen ist das noch heute weitverbreitet. Ich habe gelernt, dass man es bei einem Bischof wegen der Reliquien tut, die früher in die Bischofsringe eingearbeitet waren.

Hängt der Ringkuss beim Papst nicht auch mit der Stellvertretung Christi zusammen? Wer den Ring küsst, küsst also eigentlich Jesus Christus?

Ja. Das gilt aber auch ähnlich für die Bischöfe. Sie sind Nachfolger der Apostel Jesu und geweiht in den Ursprung hinein. Ihre Aufgabe ist es, den Ursprung zu vergegenwärtigen. Sie müssen dafür sorgen, dass alles in der Kirche ursprünglich, originell und kreativ bleibt und dass in ihr die Menschen nicht abgestandenes, sondern reines Wasser des Lebens zu trinken bekommen. Dafür sollen sie die Garanten sein. Als Bischof müssen wir die Hand an der Zeit haben, aber zugleich eben auch am Ursprung. Das kann uns manchmal in eine Zerreißprobe bringen. Aber ich sage immer, genau diese Spannung zu bewältigen, ist unsere Aufgabe.

Offen gesagt: Ich lasse mir den Ringkuss gefallen, von Ihnen oder anderen Gläubigen, denen es wichtig ist. Aber gewohnt bin ich es nicht mehr, und ich lege auch keinen Wert darauf.

Warum nicht?

Nun, es wird schon sehr leicht missverstanden, als würde man mir die Hand küssen aus Verehrung meiner Person. Wenn überhaupt, geht es bei dieser Geste ausschließlich um das Amt des Bischofs.

Ist in Ihren Ring irgendetwas eingearbeitet?

Ja. Der Ring, den ich gerade trage, ist noch gar nicht so alt. Den habe ich aus dem italienischen Städtchen Manoppello; er enthält einen Bergkristall, in den das Antlitz Christi eingraviert ist, wie wir es von dem uralten Tuch der Veronika von Manoppello kennen. Ich besitze aber noch einige andere Ringe. Zum Beispiel haben bei der letzten Bischofssynode alle Teilnehmer einen Ring vom Papst geschenkt bekommen. Im Laufe meiner Zeit als Bischof habe ich eine ganze Reihe gesammelt. Hin und wieder verschenke ich auch einen an einen Missionsbischof oder an einen unserer Kölner Weihbischöfe.

Was war denn Ihr erster Bischofsring?

In ihm ist eine alte byzantinische Kaisermünze aus der Zeit vor dem Jahr 1054 verarbeitet. Sie stammt also aus einer Zeit, bevor die Christenheit in Ost und West auseinandergebrochen ist. Den Ring besitze ich noch. Er ist sehr schön gearbeitet.

Allerdings: Wenn man mir kräftig die Hand drückt, schneidet der Ring so tief in den Finger, dass mir fast das Blut kommt. Deswegen trage ich ihn nicht so gern.

Küssen Sie Papst Benedikt XVI. den Ring?

Natürlich. Der Papst sagt zwar immer zu mir: „Lass das doch sein." Aber ich sage dann: „Ich tue das um deinetwillen. Damit du nicht vergisst, dass du der Papst bist!"

Ich finde, der Ringkuss hat auch etwas mit Demut zu tun.

Ich empfinde es weniger als Demut, sondern als einen Ausdruck des Respekts gegenüber diesem großen Amt. Vergessen wir nicht: Der Petrus, also der von Gott berufene Stellvertreter Christi, heißt heute Benedikt XVI. Der Ringkuss ist ein Akt des Glaubens, genau wie der Altarkuss. Diese Zeichen weisen auf eine Wirklichkeit hin. Nicht auf eine ferne Wirklichkeit, sondern auf eine ganz nahe: Hier und jetzt ist der Nachfolger des Petrus da. Und deswegen ist der Ringkuss beim Papst für mich eigentlich selbstverständlich.

Aber wenn Sie schon von Demut sprechen, will ich Ihnen dazu noch ein Zweites erzählen: Bei Besuchen in Krankenhäusern oder Altenheimen sage ich manchmal zu den Schwestern, und zwar ehrlichen Herzens: „Schwestern, früher haben Sie dem Bischof den Ring geküsst; eigentlich müsste ich jetzt Ihnen allen die Hand küssen." Aus folgendem Grund: Im alten Rom entgingen Christen zuweilen der Hinrichtung und wurden stattdessen zur Zwangsarbeit in die Bergwerke Süditaliens verbannt. Viele mussten jahrzehntelang unter Tage arbeiten – eine grauenvolle, Hoffnung raubende Tätigkeit. Wenn aber ein neuer Herrscher an die Spitze des Staates trat, kam es meist zu einer Amnestie. Und so durften auch die Verbannten nach Hause zurückkehren. Viele waren fast erblindet, andere verkrüppelt von der schweren Arbeit. Bei der Rückkehr knieten sich die Daheimgebliebenen dann vor ihnen nieder und küssten ihnen Hände und Füße. Sie haben damit die Wunden Jesu verehrt.

So meine ich das auch bei den Schwestern im Krankenhaus. Ich sage deshalb zu ihnen: „Sie pflegen mit Ihren Händen kranke, leidende Menschen. Jesus sagt: Was ihr den geringsten meiner Brüder und Schwestern getan habt, das habt ihr mir getan." Als Bischof müsste ich Ihnen jetzt eigentlich Ihre Hand küssen. Denn Ihre Hände haben in den Kranken die Wirklichkeit Jesu berührt. Ich finde, der Kuss ist ein sehr starkes Zeichen.

Wir sind übrigens nicht die Einzigen, die das tun. Der Handkuss ist in vielen Kulturen verbreitet. Ich hab es in Afrika bei Muslimen beobachtet. Dort küssen die Gläubigen ihren Religionsführern die Hand. Und zwar unabhängig davon, wo man ihnen begegnet. Auch auf offener Straße. Das fand ich sehr beeindruckend.

Ich finde, dass das Küssen generell ein schönes Zeichen zur Begrüßung ist. Wenn wir früher als Familie in Schlesien zusammenkamen, haben wir uns alle geküsst. Ich mache das mit meiner Familie heute natürlich auch noch. Das ist ein Zeichen von Intimität. Wir Menschen leben von solchen Zeichen, weil wir – ganz gleich, ob wir katholisch sind oder nicht – sakramental empfinden, das heißt: Wir leben von wirksamen Zeichen. Unser Inneres wird oft erst deutlich, wenn es sich in leiblichen Zeichen ausdrückt.

„Die Heiligen sind uns nah"

FÜRSTIN GLORIA: *Sie heißen mit Vornamen „Joachim", wie übrigens mein Vater auch. Warum haben Ihre Eltern Ihnen diesen Namen gegeben? Spielt da die Verehrung eines Heiligen namens Joachim hinein?*

KARDINAL MEISNER: Ich weiß es nicht. Ich habe auch nie gefragt. Mir hat der Name nie gefallen. Zu Hause werde ich auch nicht Joachim genannt, sondern Jochen.

Mein Vater wurde „Jockel" genannt.

Und ich wurde als Kind „Jochel" genannt. Zwei der Jungen, die damals in unserem Haus wohnten, schreiben heute noch als ältere Herren: „Lieber Jochel". Das erinnert mich immer an die Kindheit. Ich wollte immer Ansgar oder Herbert heißen. Aber Joachim …

Also ist Ihnen Ihr Namenstag gar nicht so wichtig?

Doch, das schon. Ich konnte mir meinen Namen zwar nicht selbst aussuchen, stehe aber immerhin unter dem Schutz dieses Heiligen. Allerdings spielt an jedem Tag der jeweilige Heilige für mich eine Rolle. Der Tagesheilige ist für mich der besondere Besuch an jedem Tag. Und immer wenn ein besonderer Besuch kommt, sollte man sich ein bisschen vorbereiten. Das ist für mich immer sehr wichtig.

Es kommt Besuch – ein schöner Gedanke.

Ich denke auch an den Tagesheiligen, wenn ich bei mir zu Hause morgens die Messe feiere. Auf viele Heilige freue ich mich auch immer wieder. Zum Beispiel auf den heiligen Thomas von Aquin. Sein Tag war früher der 7. März, sein Todestag. Er liegt allerdings immer in der Fastenzeit. Bei der innerkirchlichen Kalenderreform nach dem Zweiten Vatikanischen Konzil hat es sein Orden, die Dominikaner, hinbekommen, dass er am 28. Januar gefeiert wird. An diesem Tag waren seine Reliquien nach Toulouse überführt worden. Aber für mich privat bleibt es der 7. März. An diesem Tag habe ich mein Theologiestudium in Erfurt begonnen. Mein Vater hatte an diesem Tag Geburtstag. So ist mir der heilige Thomas am 7. März ans Herz gewachsen. Noch dazu wurde er im Kölner Dom zum Priester geweiht.

Womit die Frage nach Ihrem Lieblingsheiligen eigentlich auch schon beantwortet ist.

Das ist nicht der heilige Thomas! Mein Lieblingsheiliger ist der heilige Pfarrer von Ars …

… einer der großen Heiligen des 19. Jahrhunderts. Warum er?

Nicht, weil er besonders intelligent war. Das war er ja nun eher nicht. Er galt sogar als gänzlich unbegabt, was eigentlich so auch nicht stimmte. Manchmal tröstet man Theologiestudenten, die sich mit dem Lernen schwertun, mit dem Satz: „Macht nichts. Denk an den heiligen Pfarrer von Ars!" Aber wie dem auch sei: Der heilige Pfarrer von Ars war ein wirklicher *amicus Jesu*, ein Freund Jesu. Er stand jeden Morgen um drei Uhr auf und hielt stundenlang vor dem Tabernakel Zwiesprache mit Jesus im Sakrament. Er strahlte seine innige Beziehung zu Jesus förmlich aus. Deshalb hatten die Menschen, die ihm begegneten, auch das tiefe Gefühl, Jesus selbst begegnet zu sein.

Die Heiligen der Kirchengeschichte werden in Tausenden Kir-
chen und Wallfahrtsorten der Welt von den Gläubigen verehrt,
häufig in Form von Reliquien: Knochen, Haare oder auch Ge-
wänder unserer Vorfahren, die Christus in besonderer Weise ge-
folgt sind. Die Protestanten lehnen diese Reliquienverehrung
ab. Viele Reliquien sind auch erwiesenermaßen gefälscht. Im
Mittelalter gab es einen blühenden Handel mit echten und ver-
meintlich echten Reliquien Jesu und der Heiligen.

Das stimmt. Köln war im Mittelalter einer der bedeutendsten
Wallfahrtsorte Europas. Damit war zu der Zeit ein reger Reli-
quienhandel verbunden. Hier wurden ja nicht nur die Reliquien der Heiligen Drei Könige verehrt, sondern auch die der
heiligen Ursula mit ihren 11.000 Jungfrauen und noch etliche
andere.

Ich werde oft gefragt, ob die Reliquien der Heiligen Drei
Könige, die im Kölner Dom verehrt werden, echt sind. Die Ge-
beine wurden 1864 gründlich untersucht mit dem Ergebnis,
dass sie von drei Männern unterschiedlichen Alters stammen.
Einer der Seidenstoffe, in die die Reliquien eingehüllt waren,
stammt nach jüngsten technologischen und kunsthistorischen
Untersuchungen aus dem 2. Jahrhundert und wurde in Syrien
gewebt. Auch die Gebeine stammen wohl aus ganz früher Zeit.
Aber es steht an ihnen nicht authentisch dran: Das sind Kaspar,
Melchior und Balthasar.

Für mich sind Reliquien eine Möglichkeit, mich der Gemeinschaft und der Nähe der Heiligen zu vergewissern. Darum
ist es für mich eine zweitrangige Frage, ob sie echt sind oder
nicht. Wir leben in der Gemeinschaft der Heiligen. Nähe ist
das große Thema des Neuen Testaments: Gott ist uns nahege-
kommen in Jesus Christus, und er bleibt uns nahe durch alle
Generationen – auch in den Gliedern seines Leibes, zu denen
die Heiligen und wir gehören.

Besitzen Sie selbst Reliquien?

Ich habe auf dem Altar in meiner Hauskapelle eine ganze Reihe von Reliquien, die ich im Laufe der Zeit geschenkt bekam. Darunter sind Reliquien der heiligen Hedwig von Schlesien und der heiligen Elisabeth von Thüringen. Dann habe ich eine Reliquie vom heiligen Josefmaria Escrivá, dem Gründer des Opus Dei. Und ich habe Reliquien der seligen Seherkinder von Fátima.

Wie stehen Sie zur Heiligenverehrung?

Heiligenverehrung hat viel mit Volksfrömmigkeit zu tun, und sie ist vom jeweiligen Charakter der einzelnen Völker geprägt. Ich habe mit den meisten Formen der Heiligenverehrung keine Schwierigkeiten. Bei einigen hingegen fühle ich mich als Mitteleuropäer nicht so wohl: zum Beispiel, wenn man heiliggesprochene Päpste in einem Glassarg zur Verehrung ausstellt. Aber die Südamerikaner und die Südeuropäer wollen das. Hier also gilt: Es kann jeder im Rahmen der katholischen Kirche nach seiner Façon selig werden.

Haben Sie einen Wallfahrtsort, den Sie ganz besonders gerne mögen?

Eine ganze Reihe. Wallfahrtsorte haben auf mich schon immer eine besondere Anziehungskraft ausgeübt. Ich habe eine kleine Sammlung alter Wallfahrtsbildchen, die man ins Gebetbuch legen kann. Als Kind bin ich mit meinen Eltern in unsere Wallfahrtsorte in Schlesien gepilgert. Nachdem wir dann am Ende des Zweiten Weltkrieges aus unserer Heimat geflohen waren, fand ich später das eine oder andere Bildchen von schlesischen Wallfahrtsorten in Antiquariaten. Das ist natürlich eine herrliche Kindheitserinnerung. Im Urlaub nehme ich immer zwei oder drei Mappen mit und schaue mir die Bilder dieser Orte an.

Zu einem meiner liebsten gegenwärtigen Wallfahrtsorte habe ich erst in den vergangenen Jahren eine Beziehung bekommen, und zwar Fátima in Portugal. Papst Johannes Paul II. schickte mich zum großen Wallfahrtstag am 13. Mai 1990 als seinen Legaten dorthin. Er sagte damals zu mir: „Du hast den Kommunismus miterlebt und bist gerade erst im Kapitalismus gelandet. Geh du auf die erste Fátima-Wallfahrt nach dem Untergang des Kommunismus." Es war für mich dann ein unglaubliches Erlebnis: Weit über eine Million Pilger waren gekommen.

Da ging mir auf: Ein halbes Jahr, bevor 1917 der Kommunismus in Russland siegte, bevor in Osteuropa das Licht des Glaubens ausging, war dieses Licht schon am äußersten Rand Westeuropas neu angezündet worden, indem die Muttergottes in Portugal den Kindern von Fátima erschien und diese Marias Botschaft von Gebet und Buße annahmen. Damals habe ich gesagt: „Selig bist du, Portugal, weil du geglaubt hast, und zwar nicht nur für dich, sondern besonders für uns hinter dem Eisernen Vorhang!"

Dann ist da noch Guadalupe in Mexiko. Ich bin dreimal dort gewesen. Die Erzdiözese Köln hat in Mexiko-City eine Kirche für die deutschsprachige Gemeinde gebaut, und wir stellen entsprechend immer einen Priester als Pfarrer. Mittlerweile ist dort eine deutsch-mexikanische Gemeinde entstanden.

Und Altötting?

Altötting besuche ich jedes Jahr einmal. Dort habe ich ein wenig mein Herz verloren. Und natürlich liebe ich Kevelaer in unserem Nachbarbistum Münster und das schöne Neviges in unserem Erzbistum.

Wir haben übrigens mitten in Köln auch einen Marienwallfahrtsort: die Kirche St. Maria in der Kupfergasse. Das ist die Kirche, die achtmal mehr Gottesdienstbesucher hat, als Katholiken in der Gemeinde leben, weil so viele Menschen von auswärts kommen. Vor dem Rosenmontag kommt jedes Jahr das Kölner Dreigestirn, also die obersten Repräsentanten des Kölner Karnevals, nach St. Maria. Es spendet der Muttergottes eine riesige Kerze, damit beim Rosenmontagszug schönes Wetter ist.

Das ist jetzt wirklich Volksfrömmigkeit!

Ja, eine sehr schöne und kraftvolle. Ich merke aber, dass auch Sie eine leidenschaftliche Wallfahrerin sind.

Ganz generell muss ich auch sagen, dass mir die Muttergottes sehr wichtig ist. Ich bin überzeugt davon, dass sie mir das Leben sehr leicht macht. Für mich ist Wallfahren auch keine Überwindung, sondern ein angenehmer Ausflug. In Altötting etwa habe ich das große Glück, dass Freunde dort am Kapellplatz eine Wohnung haben. Da kann man also schon beim Frühstück auf die Gnadenkapelle schauen.

Ich liebe aber auch Maria Vesperbild bei Augsburg. Ich bin eine große Verehrerin von Monsignore Imkamp, der dort Pfarrer ist und donnernde Predigten hält. Sonntags wird die Messe nach draußen auf eine Leinwand übertragen, weil die Pilger keinen Platz mehr finden.

Und in unserer Familie spielt Lourdes eine große Rolle. Wir wallfahren jedes Jahr mit Kranken dorthin. Organisiert wird das von den Maltesern. Mittlerweile machen das auch meine Kinder, was mich natürlich sehr freut.

Ich habe auch schon einige große Krankenpilgerzüge nach Lourdes begleitet. Sie werden auch bei uns immer von den Maltesern organisiert. Da sind viele Jungen und Mädchen dabei, die in der Gruppe ein unglaubliches Engagement und eine Freude am Dienen zeigen. Letztens habe ich zu einigen der älteren Begleiter gesagt: „Der Pilgerzug ist ja ein richtiger Heiratsmarkt!" Dass sich junge Menschen beim Wallfahren über die Malteser kennen- und lieben lernen, ist ein Nebeneffekt der Wallfahrt, und das finde ich sehr schön und wichtig.

Wenn ich aber ganz ehrlich bin, Eminenz: Ich finde es an manchen Wallfahrtsorten schon ein wenig problematisch, was da zum Teil drumherum geschieht. Dem einen Bewohner des Wallfahrtsortes gehören die ganzen Immobilien in der Gegend, der andere baut ein riesiges Hotel mit horrenden Preisen auf, der nächste verkauft Devotionalien. Alle verdienen sich eine goldene Nase und fahren mit großen Autos durch die Gegend. Das ist nicht wirklich ein Lebensstil, der zu echten Wallfahrtsorten passt.

Natürlich gibt es hier und dort reine Geschäftemacher. Das ist überall so. Handel und Gastronomie sind aber von Wallfahrtsorten nicht wegzudenken. Zum Wallfahren gehört auch, dass ich von dem Gnadenort, an dem ich war, etwas mitnehme, als Erinnerung für mich oder als Geschenk für denjenigen, der zu Hause geblieben ist. „In Altötting habe ich an dich gedacht und hab dir etwas mitgebracht", ist es auf den kleinen Andenken vermerkt: Ein Lebkuchenherz, ein Heiligenbildchen oder etwas anderes. So komme ich auch als Daheimgebliebener in gewisser Weise in Berührung mit dem Wallfahrtsgeschehen.

Bei einer Wallfahrt spielt die Berührbarkeit der Heiligen im Irdischen eine große Rolle. Maria ist nicht eine ferne Frau, in Altötting etwa ist sie eine Landsmännin der Bayern. Die Menschen versuchten auch, den Saum des Gewandes Jesu zu berühren, denn von ihm ging eine Kraft aus, die alle heilte. Das ist auch heute noch wichtig: Jesus und seine Mutter müssen berührbar bleiben. An den Wallfahrtsorten ist das auf besondere Weise möglich.

Aber doch in erster Linie an den Sakramenten!

Ja natürlich, in den Sakramenten außer Konkurrenz, aber in den Formen der Volksfrömmigkeit an Wallfahrtsorten in abgeminderter Weise auch. Die Menschen sind so verschieden, und deshalb macht sich Jesus auf vielerlei Weise berührbar für sie. Der Mensch kommuniziert mit seiner Umwelt über seine Sinne. Darum sollte die Frömmigkeit immer auch sinnlich sein. Kennen Sie mein kleines Buch mit dem Titel „Wider die Entsinnlichung des Glaubens"? Dort habe ich über dieses Thema geschrieben. Ich halte es für ein elementares und besonders schönes Charakteristikum, dass unser katholischer Glaube alle unsere Sinne anspricht. Der evangelische Glaube ist meiner Ansicht nach zu wenig sinnenhaft und zu sehr verkopft. Das haben mir auch schon manche evangelischen Christen gesagt.

Ich habe einmal gelesen, dass jedes Jahr 2 bis 2,5 Millionen Deutsche eine Wallfahrt machen, nach Santiago de Compostela, nach Altötting, nach Kevelaer, nach Lourdes, nach Fátima oder zu einem anderen Wallfahrtsort. Die Anziehungskraft der Wallfahrtsorte lässt trotz Kirchenkrise offensichtlich nicht nach.

Ja, das stimmt. Ich habe lange die These vertreten, dass ich gar nicht ins Heilige Land zu fahren brauche. Denn der Ort, an den mich Gott hingestellt hat, ist das Heilige Land meines Lebens. Dort muss ich meine Aufgabe erledigen, dort hat Gott den Schatz im Acker meines Lebens verborgen; und den muss ich ausgraben. Aber über eines habe ich dann sehr lange nachgedacht: Ich habe als Kind meine Heimat Schlesien verloren. Damals war ich zwar erst elf Jahre alt, aber die ersten Jahre im Leben sind wirklich entscheidend. Heimat ist eben das Stückchen Erde, auf dem ich die Welt zuerst betreten habe, wo ich meine ersten Erfahrungen in dieser Welt gemacht habe. Das fängt mit ganz einfachen Dingen an: Was ist ein Baum? Was ist ein Weg? Was sind Vater und Mutter? Was ist die Kirche, was die Sonne und was der Himmel? Alle spätere Welterfahrung bewältige ich unbewusst auf dieser ersten Erfahrungsfolie. Vielleicht kann man das ganz gut mit dem Geschmackssinn vergleichen: Unser ganzes Geschmacksnervensystem ist geprägt von der mütterlichen Küche. Und darum schmeckt uns häufig im Laufe unseres Lebens das am besten, was den Speisen aus der mütterlichen Küche am nächsten kommt.

Darum gehört die Heimat zu unserer Identität. Auch wenn wir sie verloren haben sollten, sagen wir doch: Dort bin ich zu Hause. Heimat ist keine politische, sondern eine anthropologische Kategorie. Genauso ist es mit dem Leben Jesu. Darum ist das Heilige Land für uns Christen nicht einfach ein großes Freilichtmuseum. Dort existiert die Kirche! Dort sind wir zu Hause. Und darum müssen Christen dorthin reisen. Dort finden wir unsere Identität als Weltkirche. Und es ist unsere Pflicht, dass wir unsere Identität bewahren, dass wir Bethlehem besuchen, den Kreuzweg in Jerusalem gehen und die Grabeskirche besuchen, die Orte von Tod und Auferstehung Christi sehen.

Genauso ist es im Kleinen mit den Wallfahrtsorten und den Reliquien: Sie gehören zur geistlichen Identität einer Landschaft. Aus ihr heraus ist unsere Kultur gewachsen. In Köln war zum Beispiel durch die Anwesenheit der Heiligen Drei Könige die Tradition entstanden, das Kommen der Heiligen Drei Könige und ihre weite Reise nachzuspielen. An den Por talen oder auf den Stufen des Domes wurden im Mittelalter Mysterienspiele aufgeführt. Und weil die Kinder vor den Aufführungen immer als Erste da waren und gerne irgendwelchen Unsinn machten, schickte man denjenigen, der den Kaspar der Heiligen Drei Könige spielte, hinaus mit dem Auftrag, die Kinder durch Witze und Einfälle bei Laune zu halten, bevor es losging. Daraus ist unser Kasperletheater entstanden. Solche Mysterienspiele haben dann überall an großen Kirchen stattgefunden.

Oder denken Sie an die Namen vieler Gasthäuser oder Apotheken. Sie stellten sich unter den Schutz eines Heiligen. So die Löwen-Apotheke – der Löwe ist das Attribut des heiligen Markus. Oder das Gasthaus zum Adler, der für den Evangelisten Johannes steht. So sind die Heiligen für uns Mitbürger und Vorbilder, und wir sind ihre Schutzbefohlenen. Das Gedenken an sie und ihre Verehrung gehören zu den großen, wertvollen Traditionen unserer abendländischen Kultur.

„Maria – die liebende Mutter"

FÜRSTIN GLORIA: *Für mich wurde Maria im Laufe meines Lebens immer wichtiger. Viele meinen, das Rosenkranz-Gebet und die ganze Marien-Verehrung seien nur etwas für alte Frauen. Aber so ist es nicht. Ich kenne viele Männer, für die Maria sehr wichtig ist. Welche Rolle spielt Maria für die Kirche? Ihre leibliche Aufnahme in den Himmel wurde erst 1950 zum Dogma erhoben. Hat der Marienkult nicht auch erst im 19. Jahrhundert richtig begonnen?*

KARDINAL MEISNER: Nein, so spät ist die Verehrung der Muttergottes nicht entstanden. Schon die Apostelgeschichte definiert Maria als der Urgemeinde zugehörig, wenn sie berichtet: Die Apostel verharrten im Abendmahlssaal von Jerusalem „einmütig im Gebet, zusammen mit den Frauen und mit Maria, der Mutter Jesu, und mit seinen Brüdern". Eine der ältesten Marienkirchen in Europa ist St. Maria Maggiore in Rom. Ihre Ursprünge reichen ins 4. Jahrhundert zurück. Sie finden im ganzen Mittelalter überall Petrikirchen und Marienkirchen. Der Kölner Dom hat als Kirchenpatrone Petrus und Maria. Dahinter steckt ein einfacher Grund. Petrus und Maria spiegeln die beiden Grundbefindlichkeiten der Kirche wider: Amt und Charisma. Petrus repräsentiert das Amt, Maria das Charisma. In Erfurt zum Beispiel hat man einen Mariendom auf dem Marienberg und direkt daneben den Petersberg, wo früher ein Benediktinerkloster war. Sie finden auch in vielen norddeutschen Städten die Petrikirche und die Marienkirche. Petrus und Maria hängen also in der Christenheit eng zusammen.

Ich glaube, man kann sagen: Die Geschichte zeigt, dass Zeiten, in denen man mit Maria nichts anzufangen wusste, immer schwierige und kritische Zeiten für die Kirche waren. Die Begeisterung für den Glauben nahm in diesen Perioden ab; beispielsweise gab es weniger geistliche Berufungen.

Evangelische Christen können mit dem Marienkult wenig anfangen. Sie sagen, dass wir Katholiken Gefahr laufen, bei aller Verehrung von Maria Jesus zu vergessen.

Das ist ein Trugschluss. Im Grunde ist die Marienverehrung eine Heilig-Geist-Verehrung.

Aber Maria ist doch nicht der Heilige Geist!

Nein, natürlich nicht. Aber sie macht das Wirken des Heiligen Geistes, den wir uns nicht so leicht vorstellen können, ganz konkret in unserem Leben sichtbar. Die Kirche verehrt in der Volksfrömmigkeit darum weithin den Heiligen Geist *in* Maria. Durch Maria wird er in der Kirche repräsentiert. Maria hat ja gleichsam zweimal Pfingsten erlebt: Zum ersten Mal bei der Ankunft des Heiligen Geistes in der Kammer von Nazareth und zum zweiten Mal zusammen mit den Aposteln im Abendmahlssaal von Jerusalem.

Lassen Sie es mich so erklären: Oft hat man den Eindruck, als wäre Gott für uns Christen ein Mann, weil wir ihn als Vater anreden und Jesus von Nazareth, sein Sohn, ein Mann war. Aber schon die großen Kirchenväter haben gesagt: Gott ist nicht Mann und nicht Frau in unserem menschlich-geschlechtlichen Sinn. Gott ist Gott, Gott ist alles. Gott schuf den Menschen als Mann und als Frau, als sein Ebenbild und Gleichnis. Damit hat Gott gleichsam – ich spreche bewusst nach Menschenweise – ein „weibliches Element". Ich sehe dieses Element vor allem im Heiligen Geist, und zwar gerade in der Verbindung mit Maria. Denn Maria ist diejenige, die den Heiligen Geist in der Kirche präsent hält.

Als meine Mutter ihren 70. Geburtstag feierte, musste ich spontan eine Tischrede halten. Und da fiel mir ein, dass unsere Mutter immer der gute Geist zu Hause war. Natürlich musste sie arbeiten gehen, weil unser Vater im Krieg geblieben war. Wenn aber der älteste Bruder nach Hause kam und die Mutter noch nicht da war, sagte er immer: „Ist denn noch niemand da?" Und wir Geschwister: „Wir sind doch da!"

Aber die Mutter nicht. Für Ihren Bruder war das Haus leer.

Genau. Unsere Mutter hat das verwirklicht, was die Kirche in der Pfingstsequenz über den Heiligen Geist sagt: „Heile, was verwundet ist." Das habe ich in der Rede auf meine Mutter gesagt. Wir Brüder sollten alle nochmals unsere Hosenbeine hochziehen und die Narben an den Knien ansehen, die die Mutter verpflastert hat. Oder: „Beuge, was verhärtet ist" – wenn wir vier Geschwister aufeinander losgegangen sind, hat die Mutter geschlichtet und geheilt. Genauso wirkt der Heilige Geist in der Kirche. Er sorgt für die gute Atmosphäre. Und wenn man glaubt, dass niemand da ist, ist doch immer jemand da. Das alles ist personifiziert durch Maria.

Sagen wir deshalb auch „unsere Mutter, die Kirche"?

Ja. Wir haben schon als Kinder nie „die Kirche" gesagt, sondern immer „unsere Mutter, die Kirche". Papst Benedikt XVI. sagte bei einer Messe mit seinen Kardinälen im Jahr 2006: „Zwischen Maria und der Kirche besteht in der Tat eine Konnaturalität." Das hat mich innerlich sehr gepackt. Das heißt: Maria ist ganz aufgegangen in der Natur der Kirche. Und umgekehrt erkennt die Kirche ihr Idealbild in Maria.

Wann hilft Ihnen Maria?

Sie hilft mir in meiner ganzen priesterlichen Existenz. Schauen Sie: Jesus verdankt seine menschliche Existenz keinem anderen Menschen als Maria. Und in vergleichbarer Weise verdankt der Herr, wie er uns in der Eucharistiefeier begegnet, seine Existenz dem Priester. Maria steht so am Ursprung und formt als Mutter Jesu das Priestertum mit. Bei ihr lerne ich immer wieder neu, was das Priestertum bedeutet. Darum ist sie die Frau meines Hauses, und in meiner Kapelle steht ein Bild von ihr. Es ist eine Kopie der Muttergottes aus dem Wiener Stephansdom, und vor ihr brennt immer eine Kerze.

Sie ist die Hausherrin.

Ja, und ich verstehe mich als ihr Laufbursche. Wie bei der Hochzeit zu Kana den Tischdienern, gibt sie mir täglich den guten Rat: „Was er (Jesus) euch sagt, das tut!" Maria wird auch verehrt als die Tochter des himmlischen Vaters, die Mutter des göttlichen Sohnes und die Braut des Heiligen Geistes. Ich glaube ganz fest, dass sie sich bei Gott auskennt, und das hat für mich etwas sehr Tröstliches. Denn man kann ja in dunklen Stunden auch manchmal an Gott irre werden. Und dann ist Maria für uns immer die liebende Mutter, die selbst unter dem Kreuz stand und die sich unserer Sorgen und Nöte annimmt und uns den Willen Gottes interpretiert.

„Tut dies zu meinem Gedächtnis"

FÜRSTIN GLORIA: *Sie wurden 1962 zum Priester geweiht. Warum gibt es überhaupt eine Priesterweihe? Und wo ist der Unterschied zwischen einem römisch-katholischen Priester und dem Geistlichen in anderen christlichen Konfessionen?*

KARDINAL MEISNER: Evangelische Christen kennen das Sakrament der Priesterweihe nicht. Mit den orthodoxen Christen ist unser Amtsverständnis dagegen völlig identisch.

Den Zölibat gibt es in unserem Sinn doch bei den Orthodoxen nicht.

Doch, im Mönchtum spielt er auch bei den Orthodoxen eine große Rolle. Aber andererseits muss man klar sagen: Der Zölibat gehört nicht zum Wesen des Priestertums. Auch viele der sogenannten „unierten Priester" in der katholischen Kirche, die die Messe nach dem byzantinischen Ritus zelebrieren und in Gemeinschaft mit dem Papst stehen, sind verheiratet. Aber ich will gleich aus gutem Grund hinzufügen, dass der Zölibat das Priestertum in seinem ganzen Reichtum, seiner ganzen Schönheit und seiner ganzen Radikalität erst sichtbar werden lässt. Was muss es um das Priestertum sein, wenn man um seinetwillen auf Ehe und Familie verzichtet?

Was ist eigentlich die Priesterweihe? Warum muss ein Mann geweiht werden, wenn er das Wort Gottes verkünden will?

Man kann sich nicht selbst zum Priester machen. Ich kann mir nicht selbst die Hände zur Priesterweihe auflegen. Nur wer dazu berufen ist, wird durch die Handauflegung des Bischofs zum Priester geweiht. Beim Letzten Abendmahl sagte Jesus den Aposteln: „Tut dies zu meinem Gedächtnis!" Damit hat er zugleich das Sakrament der Eucharistie und der Priesterweihe eingesetzt. Der Bischof als Nachfolger der Apostel vollzieht die Priesterweihe „zu seinem Gedächtnis", indem er einem Mann die Hände auflegt. Der Priester empfängt so die Vollmacht zum priesterlichen Dienst durch den Apostelnachfolger: den Bischof und damit letztlich von Christus selbst.

Neben der Priesterweihe kennt die katholische Kirche sechs weitere Sakramente: Die Taufe, die Firmung, die Beichte, die Ehe, die Krankensalbung und die Eucharistie. Was hat es mit diesen Sakramenten auf sich?

Zum Wesen jedes dieser Sakramente gehören drei Elemente: äußeres Zeichen, innere Gnade und die Einsetzung durch Jesus Christus.

Nehmen wir als Beispiel die Taufe. Dabei ist das äußere Zeichen das Übergießen mit Wasser oder das Untertauchen ins Wasser. Dazu spricht der Taufspender: „Ich taufe dich im Namen des Vaters, des Sohnes und des Heiligen Geistes." Wer sich wäscht, reinigt sich. Er wäscht Schmutz ab. Genauso ist es auch im Sakramentalen: Die Erbsünde und, wenn man als Erwachsener getauft wird, alle anderen Sünden werden abgewaschen. Zugleich spendet uns das Wasser Leben. So empfange ich mit der Taufe auch im Übernatürlichen das Leben Christi. Das ist die innere Gnade. Und schließlich die dritte Komponente: Jesus hat gemäß dem Matthäus-Evangelium dieses Sakrament eingesetzt, indem er zu den Aposteln gesagt hat: „Geht zu allen Völkern und macht alle Menschen zu meinen Jüngern; tauft sie auf den Namen des Vaters und des Sohnes und des Heiligen Geistes".

Das Sakrament der Priesterweihe gibt uns Jesus – wie oben erwähnt – gleichzeitig mit der Einsetzung der Eucharistie, als er zu seinen Aposteln beim Letzten Abendmahl sagt: „Tut dies zu meinem Gedächtnis." Er sagt es nur zu diesen zwölf Männern, die er als seine Jünger erwählt hatte. Von Anfang an haben die Apostel diese Vollmacht durch Handauflegung an nachfolgende Generationen weitergegeben – bis heute. Das ist die sogenannte „apostolische Sukzession" der Bischöfe, die dann wiederum die Priester weihen.

Das heißt, wenn ein Priester Schritt für Schritt zurückverfolgte, wer seinen Bischof geweiht hat und von wem dieser wiederum geweiht wurde, würde er letztlich bei einem der Apostel landen, die beim Letzten Abendmahl mit Gottes Sohn dabei waren?

Ja, grundsätzlich kann sich jeder geweihte Priester immer zurückverfolgen über seinen Weihebischof bis auf einen der Apostel und damit auf Jesus Christus. Denn anders hat die Kirche nie Priester in den Dienst genommen.

Doch ganz so einfach ist es nicht. Aufgrund vieler historischer Umstände – dazu gehören die Völkerwanderung und viele andere kulturelle Brüche – lässt sich urkundlich die weitere Folge hindurch über einen so langen Zeitraum von 2000 Jahren nicht lückenlos zurückverfolgen, wohl aber schon über viele Jahrhunderte. Darum glauben wir Katholiken, dass mit jeder Eucharistiefeier auf der ganzen Welt der Auftrag Jesu neu erfüllt wird: „Tut dies zu meinem Gedächtnis." Die apostolische Sukzession, so nennt man die lückenlose Weihelinie, sichert, dass wir auf gerader Linie mit diesem Ursprung verbunden sind.

Ein Priester sollte also immer daran denken, von wem er seine Autorität, die Sakramente zu spenden, erhalten hat?

Das sollte er! Wenn ich einen Priester weihe, erhält er von mir einen apostolischen Stammbaum. Er geht bis ins 13. Jahrhundert zurück. Ab und zu gelingt es den Historikern, ihn noch um einige weitere Stufen zurückzuverfolgen und zu ergänzen. Dieser Stammbaum sagt dem Priester: Du hängst mit deinem priesterlichen Auftrag und deinem Glauben nicht in der Luft, sondern du stehst auf den Schultern derer, die vor dir geweiht wurden und geglaubt, gehofft und geliebt haben.

Aus dieser apostolischen Sukzession heraus lässt sich auch die kirchliche Hierarchie besser verstehen. Das Wort Hierarchie kommt aus dem Griechischen und bedeutet wörtlich übersetzt „heiliger Ursprung" oder „heiliger Anfang". Unser Ursprung und Anfang ist Jesus Christus. Er soll durch die Hierarchie sichtbar und vergegenwärtigt werden.

Kann ein geweihter Priester seinen Weihestatus wieder verlieren?

Nein, die Priesterweihe durch Handauflegung und Gebet verleiht ein unauslöschliches Siegel. Man bleibt Priester in Ewigkeit, ob ein guter oder ein schlechter. Selbst wenn ein Priester aus der Kirche austritt, bleibt er Priester. Die Weihe, aber auch die Taufe und die Firmung sind solche Sakramente, die man nur einmal im Leben empfangen kann. Wir nennen sie Charaktersakramente, die unauslöschlich sind und die nicht dadurch ungültig werden, dass ein Katholik vom Glauben abfällt oder an seiner Berufung zweifelt.

Und ein Laie darf niemals Sakramente spenden?

Er darf im Notfall taufen. Dazu ist er sogar verpflichtet. Darüber hinaus spenden Braut und Bräutigam einander das Ehesakrament.

„Licht schauen in der Finsternis"

FÜRSTIN GLORIA: *Trotz des von Ihnen genannten unauslöschlichen Siegels gibt es immer wieder Priester, die nach einigen Jahren merken, dass sie wohl doch nicht berufen sind. Sie hadern mit dem Zölibat. Sie verlieben sich in eine Frau. Sie sehnen sich nach einer Familie. Sie haben keine Freude mehr am Beruf des Pfarrers. Lustlosigkeit gibt es in jedem anderen Beruf natürlich auch. Allerdings hat das Priestertum doch weitaus größere Dimensionen als der Beruf des Handwerksmeisters, Journalis-*

ten oder Managers. *Mit dem Priestertum ist ein bestimmter Lebensstil verbunden, der einem Menschen sehr viel abverlangt.*

KARDINAL MEISNER: Das stimmt. Aber genauso wie bei Eheleuten halte ich es auch bei Priestern für sehr wichtig, dass sie sich nicht überfordern. So manche Ehe geht in die Brüche, weil man von Anfang an zu hohe Ideale von der Ehe hat und zu harte Anforderungen an sich selber stellt. Man muss auch immer mit beiden Beinen auf der Erde bleiben. Jedem sollte vorher klar sein, dass es Krisen geben wird, schwere Krisen. Das Christentum weiß, dass das Leben eine Mischung aus Licht und Finsternis ist. Sich in der Finsternis zu erinnern, dass man Licht geschaut hat und wieder schauen wird – das ist Hoffnung, das ist Glaube. An diese Momente müssen sich Menschen, die sich nahe sind, gegenseitig immer wieder erinnern. Denn wer keine Hoffnung hat und sich gegenseitig keine Hoffnung gibt, der verzweifelt. Ich rate deshalb jüngeren Leuten immer wieder: Führt ein geistliches Tagebuch! Dann seht ihr in Tagen der Finsternis immer Schwarz auf Weiß, was ihr im Licht schauen durftet und was euch eines Tages wieder gegeben wird.

Auch ein Priester braucht das. Ich werde durch die Priesterweihe nicht zu einem Solistendasein verurteilt, sondern hineingeweiht in ein Presbyterium, in die Gemeinschaft der Priester, genauso wie der Bischof durch die Weihe in das weltweite Bischofskollegium hineingestellt wird. Im Evangelium gibt es keine Einzelgänger. Deshalb lege ich immer großen Wert darauf, dass Geistliche priesterliche Freunde haben. Es ist sehr wichtig für ihre Priesterexistenz, dass sie das Presbyterium erleben und sich gegenseitig stützen.

Auch ich habe Tage, an denen ich am liebsten davonlaufen möchte. Wer kennt das nicht? Dann bin ich froh, wenn ich einmal den einen oder anderen Bischof oder einen befreundeten

Priester anrufen und offen sagen kann: „Mensch, ich habe heute so eine richtige Allerseelenstimmung." Wenn der andere in solchen Situationen sagt: „Ehe du wegläufst – halt erst noch mal drei Tage aus, und dann ruf mich wieder an, dann sprechen wir noch einmal, und inzwischen bete ich intensiv für dich" – das hilft schon ungemein.

Sich in einer solchen Situation abzusondern, sich zurückzuziehen in der Verzweiflung des Alleinseins – das ist gefährlich. Denn der Teufel ist der, der keine Gemeinschaft hat, der für sich selber ist und der einen in dieses Elend, dieses Solistendasein mit hineinzieht.

Wie sind Sie denn mit diesen Fragen vor Ihrer Priesterweihe umgegangen? Hatten Sie nie das Bedürfnis, zu heiraten?

Ich bin ein paar Mal wirklich verliebt gewesen, und zwar so, dass ich innerlich geweint habe. Es war immer ein tiefer Konflikt: Auf der einen Seite spürte ich, dass ich in das königliche Priestertum Jesu Christi berufen war, auf der anderen Seite stand dieses hübsche Mädchen.

Ich habe den Ruf zu Christus aber immer als so dominierend empfunden, dass das Priestertum für mich nie in Frage stand. Wie schön Ehe und Familie ist, sehe ich aber zum Beispiel an meinen Brüdern. Sobald sie Väter waren, wurden aus ihnen andere Menschen. Als ich einmal einen meiner Brüder besuchte, war ich richtig erschrocken. Er sah sterbenskrank aus. Was war der Grund? „Unser Michael kriegt Zähne", sagte er. „Außerdem hat er Fieber und weint die ganze Nacht." Das heißt: Das Wohlbefinden eines ausgewachsenen Menschen ist so eng verbunden und abhängig von einem so kleinen Wesen, das sich dauernd die Windeln vollmacht und nächtelang schreit. Es gibt ein sehr treffendes Wort, das lautet: „Werde Vater und werde Mutter, und du weißt, wer Gott ist."

Das klingt ganz so, als würden Sie doch traurig darüber sein,
keine Familie zu haben ...

Nein, so ist das nicht zu verstehen. Vaterschaft und Mutterschaft
erschöpfen sich ja nicht in der Biologie. Ich glaube, dass auch un-
verheiratete Männer und Frauen oder kinderlose Eheleute Väter
und Mütter sein können. Denken Sie nur an Mutter Teresa! Sie
wird von aller Welt Mutter genannt, obwohl sie biologisch nie
Mutter gewesen ist. Daran wird schon deutlich, dass es dieses
Bewusstsein für die geistliche Mutterschaft allgemein durchaus
gibt. Und wenn ich in Köln in die Alitalia-Maschine nach Rom
einchecke, sagt die Stewardess zu mir gleich: „Buon giorno, Pa-
dre!" Dahinter steht das Gleiche. Die Südländer reden den Priester mit Vater an, den sie dann aber auch als solchen in Anspruch
nehmen können. Es gibt eine Elternschaft – und übrigens auch
eine Kindschaft – für Menschen, die nicht in einer biologischen
Familie leben. Diese Erfahrung ist meines Erachtens für einen
Priester existentiell.

Aber ich höre aus Ihren Worten, dass das Priestertum auch zu
einem inneren Kampf werden kann.

Selbstverständlich, aber kann das in einer Ehe nicht auch so
sein? Was können dort für erbitterte, verzweifelte Kämpfe aus-
getragen werden? Liebe gibt es eigentlich nur in der Kombination mit Leiden. Wenn ich jemand sehr liebe, sage ich auch:
„Ich mag dich leiden" oder „Ich habe eine Schwäche für dich".
Wenn ich etwas sehr liebe, ist es meine Passion, meine „Leiden"-schaft.

Das Ideal des Halbstarken ist es, unverwundbar zu sein, immer stark zu sein. Darum hütet er sich vor der Liebe. Die Liebe
entwaffnet. Die Liebe macht verwundbar. Die Franzosen haben
ein sehr treffendes Sprichwort, das zunächst absurd scheint:

„Am stärksten ist immer der, der am wenigsten liebt." Das ist leider wahr, denn nach den Maßstäben der irdischen Welt kommt am weitesten, wer sich am wenigsten verletzbar macht und andere nach Möglichkeit nicht an sein Herz heranlässt. Deshalb musste Jesus Christus zum Gekreuzigten werden und sein Herz durchbohren lassen, weil er die Liebe in Person ist: So sehr hat Gott die Welt geliebt, dass er die Schwachheit besaß, sich von den Menschen kreuzigen zu lassen. Er mochte uns leiden.

„Jesus hat Nachfolger berufen – keine Schule gegründet"

FÜRSTIN GLORIA: *Wer heute Priester werden will, muss Theologie studieren und durchläuft dabei ein staatliches System. Warum ist das so?*

KARDINAL MEISNER: Das ist auf die Säkularisation am Anfang des 19. Jahrhunderts zurückzuführen und auf die Verstaatlichung aller Ausbildungswege. Der preußische Staat und die anderen aufgeklärten Staaten wollten die Kirche unter Kontrolle halten. Deswegen verlegte man die Priesterausbildung an die staatlichen Universitäten. Ich habe als Erzbischof von Köln zum Beispiel aufgrund des Konkordats nur eine sehr eng umschriebene Möglichkeit, bei der Berufung eines Theologie-Professors durch den Staat zu widersprechen – obwohl er die Priester in meinem Bistum ausbildet.

Wie läuft das genau ab?

Die Fakultät macht dem jeweiligen Wissenschaftsminister eines Bundeslandes einen Vorschlag. Dann bin ich derjenige, der das „nihil obstat" geben muss. Ich darf es aber nur verweigern, wenn ein moralischer Skandal oder eine Häresie vorliegt. Dass es dabei auch Grautöne geben kann, wird nicht berücksichtigt.

Im Prinzip kann heute jeder oder jede katholische Theologie studieren und auch Professor oder Professorin an einer Universität werden. Eine theologische Fakultät ist auch darauf bedacht, dass sie ihre Unabhängigkeit gegenüber dem Bischof betont. Das kann zu Spannungen führen. Aber der Bischof muss doch darauf achten, dass die Theologen und vor allem die künftigen Priester und Religionslehrer in seinem Bistum in Treue zur Lehre der Kirche ausgebildet werden.

Könnte der Heilige Stuhl sagen: Wir wollen aus dem Konkordat raus?

Ich weiß nicht, ob das die Kirche in Deutschland wollte. Das hätte unvorhersehbare Folgen für das Verhältnis von Staat und Kirche auf so vielen Gebieten.

Die Theologie-Professoren sind Staatsbeamte. Dagegen ist prinzipiell nichts zu sagen. Die ursprüngliche Idee der Universität ist eben, dass das ganze Universum des Wissens in einer Institution lokalisiert wird. Theologie und Philosophie als klassische Königinnen der Wissenschaften da herauszulösen, widerspräche dem Bild der Universität.

Aber damit zusammenhängend gibt es eben auch Entwicklungen, die bedenklich sind. Theologie-Professoren stehen eben nicht als Privatleute oder nur als Staatsbeamte vor den Studierenden. Ich wünsche mir schon, dass die Studentinnen und Studenten an ihren Theologie-Professoren merken, dass da geistliche Lehrer der Kirche vor ihnen stehen, seien es Priester oder Diakone oder Laien.

War das früher anders?

Vor der Gründung der Universitäten vor rund tausend Jahren war die Theologie weitestgehend in den Orden beheimatet, etwa bei den Dominikanern oder den Benediktinern. Die Professoren waren gleichzeitig Mitglieder eines Konventes. Das heißt, der Lehrer war Mönch und musste mit für seine Brüder sorgen, mit ihnen beten und im Kloster mitarbeiten. Er musste unter ihnen auch sein Christsein leben. Als Zeuge seines gelebten Christseins trat er dann vor die Schüler.

Aber ist es nicht auch wichtig, dass ein Lehrer der Theologie mitten im Leben steht?

Natürlich, wir können die Zeit auch nicht zurückdrehen. Eine Universität hat Vorteile, weil die Theologie-Studenten die Möglichkeiten haben, sich mit anderen Fakultäten auszutauschen. Sie können zum Beispiel bei den Medizinern hineinhören. Das ist gerade unschätzbar wichtig für das Verständnis bioethischer Debatten. Aber es täte der Kirche in Deutschland auch gut, sich wieder ein wenig auf den Ursprung der theologischen Ausbildung zu besinnen. Zu meiner Studienzeit lebten die Professoren zwar alle privat für sich. Aber sie zelebrierten jeden Tag die Messe in den Pfarrkirchen, und wir als Studenten ministrierten bei ihnen. Die Lehrer traten immer als Priester auf, und waren auch bei allen Festtagen dabei, etwa bei den Fronleichnamsprozessionen.

Andererseits muss ich auch sagen: Professor in der Kirche zu sein, ist nicht leicht. Sie müssen sich mit einer Materie beschäftigen, die nicht für die Theorie da ist, sondern für die Praxis. Das Evangelium ist nicht zuerst Wissensvermittlung, sondern Anweisung zur Praxis.

Vergessen wir nicht: Christus hat keine theologische Schule

gegründet, sondern Menschen in seine Nachfolge gerufen! Überspitzt könnte man sagen: Der Herr hat seine Kirche nicht den Gelehrten anvertraut, sondern den Hirten. Im Neuen Testament ist nicht der religiöse Beamte vorgesehen, sondern der Confessor, der Bekennende. Von der Intelligenz und Bildung her hätte Paulus der erste Papst werden müssen, es ist aber Petrus geworden.

In Papst Benedikt XVI. ist beides vereint. Er ist Confessor und Professor zugleich. Es ist eine seltene Kombination, dass einer so fromm und zugleich so gescheit ist. Ich kann mir aber gut vorstellen, dass jemand, der nur theoretisch arbeitet, leichter vom Glauben abfällt als ein reiner Seelsorger. Wäre es deshalb vielleicht besser für die Ausbildung der Pfarrer, wenn die Theologie-Professoren nicht mehr vom Staat bezahlt werden würden, sondern wirklich ganz im Dienst der Kirche stehen?

Das weiß ich nicht. Es gibt auch Schwierigkeiten in rein kirchlichen Fakultäten. Aber wenn das Geld einen katholischen Theologen nur unabhängig von der Sendung der Kirche werden lässt, ist es gefährlich.

Wie könnte eine Alternative aussehen?

Ich habe in Polen vielfach erlebt, dass Priesterseminar und theologisches Studium unter einem Dach lebten. Wenn die Professoren gemeinsam mit den Studenten jeden Tag im Speisesaal essen, mit ihnen leben – in der Kapelle mit ihnen zusammen die Heilige Messe feiern –, sind Lehre und Leben näher zusammen. Das hat mich in Polen immer tief beeindruckt. Möglicherweise wäre das ein Weg, den man hier und dort auch woanders gehen könnte.

„Gott ist die Mitte der Geschichte – nicht der Mensch"

FÜRSTIN GLORIA: *Gegenkirchen und Häresien hat es die ganze Kirchengeschichte hindurch gegeben, und sie waren und sind sicherlich auch in gewissem Maße heilsam für die katholische Kirche. Sie sind eine Mahnung, sich auf das Wesentliche ihres Auftrages zu besinnen. Selten aber hat sich die katholische Kirche in sich selber so gewandelt wie in den vergangenen 50 Jahren. Das Zweite Vatikanische Konzil sollte ein „Aggiornamento" bringen, wie es Papst Johannes XXIII. ausdrückte. Die Fenster der Kirche sollten geöffnet und Verstaubtes hinausgeblasen werden.*

Ich bin 1960 geboren, habe das Zweite Vatikanum also nicht bewusst miterlebt. Heute glaube ich aber sagen zu können, dass das Öffnen der Fenster genutzt wurde, um im Laufe der Jahrzehnte vieles Bewährte und Elementare mit hinauszuwerfen. Alles, was uns am katholischen Glauben mühsam erscheint, wird mehr und mehr beseitigt. Kontroverse Ansichten der Kirche werden von Priestern und Bischöfen in der Gemeinde oder auch in einer größeren Öffentlichkeit nicht mehr vertreten. Man hat Angst, anzuecken, sich unbeliebt zu machen. Das erinnert mich immer sehr an Politiker. Auch sie meiden unangenehme Themen, weichen der Wahrheit aus, um nicht das nächste Wahlergebnis zu gefährden. So ist es für die Kirche bequemer, auf „lieb Kind" zu machen, anstatt auch öfters mal einen Streit zu riskieren und den eigenen Glauben selbstbewusst zu vertreten. Man sagt lieber: „Kommt, lasst gut sein, das lohnt sich jetzt nicht, da kriegen wir von den Medien nur wieder einen auf den Deckel."

Ich sage immer etwas polemisch: Wir sind ein Wellnessbetrieb mit Transzendenz-Appeal geworden. Viele Priester, die ich kenne, meinen, dass an den Fehlentwicklungen im Anschluss an das Zweite Vatikanum die Professoren an den Universitäten eine wesentliche Mitschuld tragen. Gerade in der 68er-Generation gebe es viele Theologen, so der Vorwurf, die den Studenten nicht die Lehre der Kirche vermitteln, sondern ihre privaten Ansichten. Nun kann man sagen, dass dies das Recht eines jeden Wissenschaftlers ist. Allerdings bezeichnen sich diese Professoren als „katholische Theologen". Wenn Studenten dann im Hörsaal davon ausgehen, dass sie die Lehre der Kirche hören, sitzen sie einem Etikettenschwindel auf.

Kardinal Meisner: So pauschal kann ich Ihrem Urteil nicht zustimmen. Es wäre falsch, die ganze theologische Ausbildung an unseren Universitäten als verfehlt oder verkommen zu bezeichnen. Viele Professoren und Dozenten geben sich redlich Mühe, den Glanz des Glaubens an die nächste Generation weiterzugeben. Und natürlich ist Theologie auch immer ein Ringen, ein Infragestellen, eine Suche nach einer zeitgemäßen Interpretation der großen Glaubensüberlieferung und der Schätze der Kirchengeschichte. Aber die Kirche ist ganz ohne Zweifel durch eine Selbstsäkularisation gegangen. Daran waren auch katholische theologische Fakultäten mehr oder weniger beteiligt. Das kann man an vielen Dingen festmachen.

Geben Sie mir ein Beispiel.

Über theologische Interpretationen kann man immer streiten. Deshalb möchte ich Ihnen zur Verdeutlichung ein Beispiel aus der Praxis nennen. Wir haben in der Kirche de facto keine Beachtung des Freitagsgebotes mehr. Aus dem gemeinsamen Verzicht auf Fleischspeisen wurde ein individuell auszuwählendes Freitagsopfer, und damit verlor es seine Existenz. Für die meisten Katholiken und leider auch für manche Priester spielt der Verzicht auf Fleisch am Freitag keine Rolle mehr.

Solche Glaubenspraktiken wie das Freitagsgebot, so seltsam das heute vielleicht aussehen mag, sind ein Stück katholische Identität. Gerade in Zeiten der Säkularisierung der Gesellschaft sollte man sie bewahren. Denn diese Gebote und Bräuche geben auch immer wieder Kraft, in schwierigen Situationen auf gutem Kurs zu bleiben. Heute dagegen denken viele: Ob ich nun das Freitagsgebot achte oder nicht, ob ich in die Sonntagsmesse gehe oder nicht – ein guter Christ bin ich auch so. Mit einem billig gemachten Christentum ist aber kein Staat zu machen.

Möglicherweise lehnen Theologie-Professoren dieser Generation wesentliche katholische Glaubensinhalte ab. Ist es Ihrer Ansicht nach ein Problem, dass Priester von Leuten ausgebildet werden, die im Grunde genommen selber zweifeln?

Ich halte es in diesem Zusammenhang für wichtig, dass Theo-Logie – also die Lehre von Gott – sich tatsächlich in erster Linie an Gott ausrichtet und nicht am Menschen. Das erste Gebot heißt: „Ich bin der Herr, dein Gott.“

Für den Christen ist die Gottesliebe die Voraussetzung für die Menschenliebe. Wer Gott aufrichtig liebt, kann die Menschen lieben. Menschen für sich machen es einem nicht immer leicht, sie zu lieben. Aber sie sind immer von Gott geliebt. Darum führt die Menschenliebe über die Gottesliebe. Eine Frau, die das übrigens erkannt und gelebt hat, ist Mutter Teresa von Kalkutta …

… die aber auch dramatisch in ihrem Glauben um Gott gerungen hat, wie wir aus ihren veröffentlichten Briefen mittlerweile wissen.

Ja, wir wissen aus diesen Briefen, dass für sie die Gottesliebe nicht immer spürbar war. Der Glaube und die Liebe zu Gott ist für uns alle eine Probe, wie es auch die Liebe zu Menschen ist. Und so schließt die Erfahrung Gottes die Gottverlorenheit nicht aus. Aber Mutter Teresa zeigt eben auch: Selbst die gefühlte Gottesferne ist kein Hindernis für die Gottesliebe und damit für die Liebe zu den Menschen.

Sind Sie Mutter Teresa begegnet?

Ich bin ihr oft begegnet. Sie war eine sehr kluge Frau. Ihre Schwestern hatten jeden Morgen um sechs Uhr noch vor der Messe eine Stunde eucharistische Anbetung. Ich habe ihr einmal gesagt: „Mutter, Sie überfordern Ihre Schwestern. Das ist zu viel." Da hat sie geantwortet: „Herr Kardinal, wenn meine Schwestern nicht den Herrn sehen in der Eucharistie, übersehen sie ihn in den Sterbenden und in den Kindern. Sie müssen ihre Sehkraft schärfen." Glauben Sie mir, da steckt eine richtige Theologie drin. Sie hat morgens mit ihren Schwestern die Arbeit gebetet und dann das Gebet gearbeitet. Die Menschenliebe leitet sich immer von der Gottesliebe ab – nicht umgekehrt. Beides gehört zusammen. Wussten Sie, dass Mutter Teresa auch eine Männerkongregation gegründet hat?

Nein, das wusste ich nicht.

Es sind Brüder, keine Priester. Sie führen vor allem viele Bauprojekte durch, um die sich die Schwestern nicht kümmern können. Zum Beispiel ist durch ihre Arbeit auf einer riesigen Müllhalde in Kalkutta ein wunderschöner Garten mit Wohnmöglichkeiten für Aussätzige entstanden. Vorher war die Müllhalde ein Zentrum der Prostitution in der Umgebung. Aber die Schwestern von Mutter Teresa konnten dagegen nicht angehen.

Also suchte Mutter Teresa beherzte Männer. Daraus ist die Männerkongregation geworden. Ich habe diese Brüder besucht, und sie haben zu mir gesagt: „Wir brauchen kein Geld. Aber bitte beten Sie für uns, dass wir das Feuer, das uns der Geist Gottes geschenkt hat, nicht verlieren." Mich hat die Arbeit dieser Männer dort tief beeindruckt, besonders die Kraft ihres Gebetslebens. Das sind heute Quellen, die in die ganze Kirche hineinströmen.

Letztlich brauchen wir beides: Die Theologie, die das Evangelium immer wieder neu in die Gegenwart hineininterpretiert, und die Glaubenspraxis, die das Christentum wirklich im Alltag lebt. Beides muss ineinandergreifen.

Mein Sohn Albert studiert in Edinburgh Volkswirtschaft und Theologie, allerdings protestantische. Einmal belegte er einen Kurs mit dem Thema „Feministische Theologie". Er sagte mir: „Mama, du kannst dir nicht vorstellen, was wir hier lernen ..." Er darf aber seinen Standpunkt frei heraus einbringen, und die Diskussionen machen ihm natürlich auch Spaß. So muss es doch eigentlich sein!

Natürlich müssen die Studenten mit ihren Professoren auch streiten! Ich habe in Erfurt Philosophie und Theologie studiert. Einmal bekam ich große Glaubenszweifel. Das ging so weit, dass ich nicht einmal mehr meine Jugendgebete beten konnte. Am universitären Umfeld kann es nicht gelegen haben. Unsere Professoren waren tieffromme Männer, die grundsätzlich nur in Priesterkleidung in den Hörsaal kamen. Wir Studenten haben – wie gesagt – auch bei ihnen täglich in der Messe ministriert. In dieser Phase habe ich mich mit einem Dogmatik-Professor bis aufs Blut gestritten. Er war ein großartiger Mann. Seine Vorlesungen waren wie Fastenpredigten.

Worum ging es bei dem Streit?

Er vertrat die Ansicht, Gott sei total unveränderlich. Mit anderen Worten: Wenn ich bete, hätte Gott nichts davon. Es verändere nur mich, weil es mich besser mache. Dass Gott unveränderlich ist, ist Lehre der Kirche. Doch so, wie mein Professor es darstellte, sah ich mich gezwungen, ihm zu erwidern: „Dann ist Gott doch nur Mittel zum Zweck für meine Vervollkommnung! Unsere Mutter hat uns als Kindern immer gesagt, wir sollen in die Mai-Andacht gehen, weil der Liebe Gott sich darüber freut!" Der Professor antwortete, das sei Unsinn. „Sind Sie wirklich der Meinung", sagte ich daraufhin, „dass Gott unberührbar ist? Ein ewig lächelnder Buddha? Ist es ihm wirklich egal, ob wir das oder jenes tun? Das kann ich nicht glauben!"

Dann ging der Streit erst richtig los, und er schrie mich an, nicht, weil er böse war, sondern weil er ein leidenschaftlicher Gottesmann war. Ich sagte dann zu ihm: „Wir leben doch seit unserer Taufe gar nicht mehr im Externum Gottes. Wir leben doch in ihm. Dann wird Gott doch traurig sein, wenn ich sündige." Daraufhin sagt er: „Sie haben recht."

Sie haben den Professor überzeugt?

Ja. Wir haben gestritten, wir haben miteinander gerungen, die Jungen und die Alten haben sich im Glauben gegenseitig befruchtet. Aber es war immer klar, dass wir Glieder der einen Kirche sind und in einer großen Tradition stehen, die es sich lohnt zu bewahren. Ich wünsche mir, dass in der Kirche in Deutschland wieder ein größeres Bewusstsein dafür entsteht.

„Mein Reich ist nicht von dieser Welt"

FÜRSTIN GLORIA: *In den Köpfen der Menschen existieren heute zahlreiche unterschiedliche Bilder von Jesus von Nazareth. Viele sehen Jesus heute mehr denn je als politischen Revoluzzer. Der CDU-Politiker Heiner Geißler hat sogar ein Buch mit dem Titel „Was würde Jesus heute sagen?" veröffentlicht, in dem er die Politik des Internationalen Währungsfonds mit Gleichnissen Jesu in Verbindung bringt. Ich kann damit nichts anfangen.*

Der Regensburger Bischof Gerhard Ludwig Müller hat dazu in dem Buch „Gott und seine Geschichte" etwas sehr Interessantes über Judas gesagt: Judas hat Jesus nicht einfach verraten, weil er böse ist, sondern auch, weil er sich den Messias anders vorgestellt hat. Vielleicht wollte er sogar, dass Jesus zeigt, wie groß er ist. Klar – das war verbunden mit sehr bösen Hintergedanken, unter anderem mit Blutgeld. Aber letztlich hat Judas nicht erkannt, dass Jesus der Messias ist, weil er sich den Messias ganz anders vorgestellt hat.

KARDINAL MEISNER: Jesus Christus lediglich als einen besonderen Menschen zu sehen, der eben ein paar neue Ideen für das Zusammenleben der Menschen verkündet hat – das ist tatsächlich eine permanente Versuchung für uns. Als in Nazareth die ersten Zeichen und Wunder geschehen, sagen die Menschen: „Wer ist denn das? Das ist doch nur der Sohn Josefs! Ein Nachbarsjunge!" Sie nehmen an seiner Alltäglichkeit Anstoß. Als Jesus in der Synagoge sagt: „Heute ist das Wort in Erfüllung gegangen", wollen sie ihn den Abhang an der Stadt hinabstoßen. Dann wird es ganz extrem. Die Gegner sagen: „Wir haben ein Gesetz, und nach diesem Gesetz muss er sterben." Das heißt: Wir haben ein Bild von Gott. Dieses Bild stimmt nicht mit dem von Jesus überein. Ans Kreuz mit ihm! Das ist die ganze Tragik.

Das steckt doch auch hinter dem Gebot: „Du sollst dir kein Bild von Gott machen!"

Ja. Das heißt: Du sollst nicht deine privaten Gottesbilder anbeten und verehren. Du musst dich immer wieder befreien lassen zu dem eigentlichen Gottesbild, das uns in der Offenbarung, in Jesus Christus gegeben wurde. Unser Bild von Gott ist immer zu eng, und damit auch unser Bild vom Menschen. Das ist eine Grundsatzfrage unseres Lebens. Der Mensch ist von Natur aus götzendienerisch. Zwar machen wir uns keine goldenen Kälber, aber wir sind immer versucht, uns unsere Gottesbilder zurechtzubasteln und anzubeten.

Wie können wir sicher sein, dass wir das Wort Gottes recht auslegen?

Natürlich sind wir nie davor gefeit, dass wir das Wort Gottes fehlinterpretieren. Aber ich denke schon, dass wir in der Kirche mit ihrer 2000 Jahre alten Geschichte, mit ihrer theologischen Tradition und ihren großartigen Gestalten – vom heiligen Augustinus über Thomas von Aquin bis hin zu Teresa von Avila oder auch einem Joseph Ratzinger – eine rechte Auslegung des Wortes Gottes haben. Dennoch müssen wir die Offenbarung immer wieder neu in unsere Zeit hineinstellen. Aber vergessen wir dabei nicht, dass wir das kirchliche Lehramt haben, das uns vor dem völligen Abdriften in den Irrtum bewahrt.

Als ich in Erfurt angefangen habe zu studieren, wurden wir Studenten in den Bibliotheken herumgeführt. Ich fand damals: „Jetzt ist von Theologen so viel geschrieben worden, wann hört das endlich mal auf? Das kann man ja alles gar nicht nachlesen!" Aber das ist eben ein Trugschluss. Jede Generation muss ihre Theologie schreiben. Der Verstehenshorizont der Menschheit ist heute ein anderer als noch vor 200 oder 800 Jahren. Es gibt andere Probleme und Anfragen an den Glauben.

Genau darin besteht zum Beispiel ein Unterschied zum Islam und dem Koran: Die Bibel ist ein geschichtlich gewachsenes Buch. Sie ist nicht „vom Himmel gefallen", sondern von Menschen geschrieben, die von Gott inspiriert waren, aber ganz in ihrer Zeit lebten und dachten. Darum enthält sie Bilder und Begriffe aus bestimmten geschichtlichen Epochen, die aber die bleibenden Wahrheiten Gottes beinhalten. Deswegen muss jemand, der Theologie studiert, die geschichtliche Situation und das ganze kulturelle Umfeld kennen, in dem die Bibel entstand. Er muss Griechisch und Hebräisch lernen, denn das sind die Sprachen, in denen sich Gott den Menschen damals offenbart hat. Er muss Philosophie studieren, damit er das Evangelium übersetzen kann in den Verstehenshorizont unserer Gegenwart. Natürlich sollte er vor allem die griechische Philosophie kennen. In sie ist die Offenbarung gegeben worden. „Im Anfang war das Wort" – das ist typisch platonische Philosophie. Nur wenn der Theologe den Absender kennt, kann er sich an den Adressaten wenden – die heutige Generation.

Und nur wenn er den Adressaten kennt, kann ihn die Gegenwart verstehen!

Natürlich! Deshalb muss er auch die gegenwärtige Philosophie kennen, die zeitgenössische Kunst und Literatur.

Gerade das begeistert mich so sehr an moderner Kunst, die ich mit Leidenschaft sammle. Ich versuche auch religiöse Sujets zu sammeln, was aber recht schwierig ist, weil sich die Star-Künstler der Gegenwart nicht gerne mit Glaubensinhalten auseinan-

46

dersetzen. Meistens tun sie es in einem blasphemischen Zusammenhang, dann interessiert es mich nicht. Oder ein religiöses Symbol findet nur rein zufällig als Neben-Element Platz im Werk des Künstlers. Die wirklich guten Künstler sind meistens große Egomanen, für die ihre manchmal wirren Ideen das einzig Wahre sind. Trotzdem sind auch sie auf der Suche nach dem Sinn des Lebens. Das schlägt sich natürlich in ihren Werken nieder. Hin und wieder gibt es dann auch Bezüge zum christlichen Glauben. Dann interessiert es mich besonders.

Haben Sie denn auch einige moderne Werke mit religiösen Darstellungen?

Ja. Ich habe einen wunderschönen Christus auf blauem Hintergrund von Paul McCarthy aus einem Bilderzyklus mit 50 Fotografien. Die anderen 49 Bilder dieses Zyklus haben mit Religion überhaupt nichts zu tun. Aber der Christus ist mir sofort ins Auge gestochen. Ich musste mich sehr bemühen, diese Arbeit als Einzel-Objekt zu bekommen. McCarthy ist ein sehr radikaler und wilder Künstler, der sich nicht scheut, auch pornographische Symbole in seiner Arbeit zu verwenden.

Außerdem habe ich Arbeiten der Gebrüder Chapman. Sie sind Engländer und entwerfen apokalyptische Skulpturen, die die Konsequenzen der genetischen Manipulation des Menschen widerspiegeln. Und das mit einer sehr drastischen und zum Teil auch pornographischen Formensprache. Damit polarisieren sie natürlich, ihre Werke sind auf den ersten Blick sehr schockierend. Aber sie haben eine ungeheuer tiefe Aussagekraft, der man sich nicht entziehen kann. Sie machen deutlich, wie Hedonismus, Promiskuität und andere Abgründe des Menschen Spuren in uns hinterlassen. Letztlich sind die Chapman-Brüder eine moderne Version von Hieronymus Bosch, dessen Bilder ja auch sehr drastische Darstellungen enthalten.

Aber was erzähle ich – Sie haben doch selbst in Köln eine glänzende Kunstsammlung!

Sie meinen das Kolumba-Museum?

Ja. Soweit ich weiß, haben Sie den Neubau und die Neukonzeption des Museums stark vorangetrieben. Nicht nur die dort ausgestellten Werke von der Spätantike bis zur Gegenwart, sondern auch die moderne Architektur des Gebäudes haben weltweit für Aufsehen gesorgt.

Das stimmt. Mir war der Neubau eines Museums der Erzdiözese Köln sehr wichtig. Der Grund ist ganz einfach: Kirche und moderne Gesellschaft begegneten sich schon immer in der Kunst. Die Kunst ist für mich die Zwillingsschwester der Religion. In ihr wird die Wirklichkeit des Schöpfers berührbar.

Was mich nun aber noch interessiert, Herr Kardinal: Sie haben den Unterschied zwischen Koran und Bibel angesprochen. Für die Mehrheit der Muslime ist der Koran die „unerschaffene", das heißt nicht von Menschen geschriebene Heilige Schrift. Wir Christen sagen dagegen, die Bibel ist nicht „vom Himmel gefallen", sondern von Menschen geschrieben. Für viele spielen solche Unterschiede aber gar keine große Rolle. Sie sagen: Mohammed war ein großer Religionsstifter, genauso wie Buddha oder Jesus Christus. Was ist aber nun das grundlegend Andere an der Lehre Jesu Christi?

Man kann das schematisch ganz gut darstellen. Alle Lehrer dieser Welt kommen von unten. Sie studieren, bevor sie dozieren. Fangen wir bei den Naturwissenschaften an: Isaac Newton, Max Planck. Sie kommen von unten, sie müssen erst selbst studieren. Sie schöpfen ihr Wissen aus dem Experiment. Oder die

Philosophen: Aristoteles, Immanuel Kant, Georg Wilhelm Friedrich Hegel. Sie schöpfen ihr Wissen aus der Vernunft. Auch sie sind erst Studenten und dann Dozenten. Oder die Musiker: Johann Sebastian Bach, Wolfgang Amadeus Mozart, Felix Mendelssohn-Bartholdy: Sie schöpfen ihr Können aus der künstlerischen Inspiration. Und dann nehmen Sie die Religionsstifter: Mohammed, Buddha, Konfuzius. Auch sie kommen von unten. Sie schöpfen ihr Wissen aus einer tiefen religiösen Veranlagung. Es gibt aber nur einen einzigen Lehrer, der von oben kommt: Jesus Christus. Er berichtet von dem, was er beim Vater gesehen hat. Er ist Lehrer außer Konkurrenz. Er muss nicht mehr selbst studieren, bevor er doziert. Er sagt uns nicht nur die Wahrheit – er ist die Wahrheit! Er zeigt uns nicht nur den Weg – er ist der Weg! Er zeigt uns nicht nur das Leben – er ist das Leben! Die anderen Religionsstifter haben Schulen gegründet. Jesus nicht. Er hat Menschen in seine Nachfolgegemeinschaft berufen. Er will nicht nur den Bewunderer haben, sondern den Jünger, den Bekenner, den Zeugen, der für ihn einsteht mit Haut und Haar, so wie er das für uns gemacht hat.

Welche Konsequenzen hat das für unseren Glauben – und unser Glaubensleben?

Man kann sich die Offenbarung Christi folgendermaßen klarmachen: Im Neuen Testament nennt man das Heilstun Christi „diakonia", was aus dem Griechischen kommt und „Dienst" bedeutet. Also: „Ich bin unter euch wie der, der bedient", sagt der Herr. Diese „diakonia", diese Selbsthingabe, wird für uns heute spürbar in drei Ausfaltungen: in der *Liturgia,* in der *Martyria* und in der *Diakonia* im engeren Sinn. In der Liturgie, im gottesdienstlichen Leben, empfange ich das Christusleben. In der Martyria, der Verkündigung, höre ich das Wort Gottes, das mir Licht und Orientierung gibt. In der Diakonie im engeren Sinn empfange ich die Hilfe Christi in konkreten Nöten.

Deshalb hat die Kirche eine dreifache Aufgabe: Sie soll das Leben spenden; sie soll die Wahrheit verkünden und die Liebe üben. In der Martyria wird die Wahrheit verkündet, in der Liturgia das Leben gespendet, in der Diakonia die Liebe geübt. Wir sind Glaubensgemeinschaft, Lebensgemeinschaft und Liebesgemeinschaft. Das meint auch Katholischsein: Alles verwirklichen, was Christus uns anvertraut hat. Ob wir das immer schaffen, ist eine andere Frage.

„Helfen, das Kreuz zu tragen"

FÜRSTIN GLORIA: *Erliegt die Kirche nicht oft der Versuchung, Männer zu Priestern zu weihen, die dafür eigentlich gar nicht geeignet sind? Die Kirche agiert meiner Ansicht nach wie ein Unternehmen, das schlechte Mitarbeiter einstellt, weil der Markt leergefegt ist.*

KARDINAL MEISNER: Ich hoffe nicht, dass das so ist. Wir brauchen als Priester starke Charaktere und wirklich Berufene. Wenn ich Männer zu Priestern weihen würde, denen ich immer zwei Mitbrüder zum Aufpassen zur Seite stellen muss, wäre das kontraproduktiv. Jeder Priester muss eine tragende Säule der Kirche sein.

Ich glaube aber, durch unsere sechs Jahre dauernde Ausbildung stellen wir nach allem Menschenmöglichen wohl einigermaßen sicher, dass nur wirklich Berufene auch die Weihe empfangen.

Wer gibt denn letztlich grünes Licht für eine Priesterweihe?

Die letzte Entscheidung muss der jeweilige Bischof treffen. Ich bin da sehr zurückhaltend. Manche sagen, ich sei ein bisschen zu streng diesbezüglich. Allerdings ist für mich das Votum all derjenigen unverzichtbar, die einen Priesteramtskandidaten im Laufe der Jahre begleitet und ausgebildet haben. Das ist deshalb so wichtig, weil man als Bischof natürlich auch nur über eine subjektive Wahrnehmungsgabe verfügt.

Was passiert, wenn ein Priester gegen den Zölibat verstößt und Vater wird? Zahlt die Kirche dann Alimente an die Mutter? Oder muss der Priester selbst für den Unterhalt des Kindes sorgen?

Wenn ein Priester ein Kind bekommt, gilt das Verursacherprinzip: Der betreffende Priester muss die Alimente allein bezahlen, nicht der Bischof. Bei Ordensmännern ist das natürlich nicht möglich, weil sie kein eigenes Einkommen haben. In einem solchen Fall muss der Orden bezahlen. Wenn aber einer gefallen ist, muss man vor allem dann auch Barmherzigkeit üben und gemeinsam überlegen, wie es weitergehen soll. Aber es muss eine redliche Lösung gefunden werden.

Welche Möglichkeiten gibt es denn, wenn einer gefallen ist?

Der Priester kann beispielsweise für eine gewisse Zeit in eine Besinnungspause gehen, um sich seines Fehlers bewusst zu werden. Ich möchte auch gar nicht den Stab über solche Mitbrüder brechen. Man muss ihnen helfen. Aber viel wichtiger ist in einem solchen Fall natürlich das Wohl des Kindes. Das Kind muss um seinen Vater wissen. Deshalb bin ich dann meistens der Meinung: Wenn ein solcher Fall eintritt, sollen die betreffenden Priester die Laisierung beantragen und danach zum Wohle des Kindes eine gute Ehe und Familie führen.

Sie haben einmal gesagt, dass Sie als Bischof sich auch für Ihre Priester heiligen, das heißt also für die Menschen, die Ihnen nahestehen, für die Sie Verantwortung fühlen. Was bedeutet das konkret? Und die zweite Frage gleich hinterher: Wenn Sie von Menschen erzählen, die etwas gelobt haben, oder da einer ist, der vom Weg abkommt – sagen Sie sich dann, dass Sie sich nicht genug geheiligt haben? Ich könnte mir nicht vorstellen, dass der Liebe Gott Ihnen vorwirft, dass Sie zu wenig gebetet haben ...

Dieses „Heiligen" für einen anderen muss ich vielleicht ein wenig erklären: Es ist aus dem Hohepriesterlichen Gebet des Herrn genommen. Der Evangelist Johannes stellt sich vor, so Prof. Heinz Schürmann, dass Jesus Christus das priesterliche Gebet am Kreuz spricht: Für alle, die an mich glauben werden, heilige ich mich. Paulus sagt im Kolosserbrief dann als Apostel Jesu: „Für den Leib Christi, die Kirche, ergänze ich in meinem irdischen Leben das, was an den Leiden Christi noch fehlt." In der Volksfrömmigkeit wird das sehr schön im Kreuzweg dargestellt, als Simon von Cyrene Jesus hilft, das Kreuz zu tragen. Paul Claudel schreibt dazu in seiner wunderschönen Kreuzwegandacht zur fünften Station: „Das ist die Stelle, wo wir uns einfügen können, und wo du zugibst, dass man auch uns, selbst mit Gewalt, bei deinem Kreuze beschäftigt."

Der Bischof soll also nicht nur das Kreuz auf der Brust tragen, sondern er soll tatsächlich der sein, der das Kreuz mitträgt, damit es für andere fruchtbar wird. Ich will das an dem System kommunizierender Röhren verdeutlichen. Ist ein Röhrchen undicht, dann tropft Wasser heraus und der Wasserspiegel sinkt in allen Röhren, und umgekehrt steigt es in allen, wenn in einem

Röhrchen eine Wasserzufuhr erfolgt. Letzteres ist gemeint, wenn von Heiligung für andere gesprochen wird.

Ich bin geweihter Priester und Bischof und sage ganz schlicht: Ich bin vom Herrn berufen, dass ich mich heilige zu Gunsten anderer. Darum fühle ich mich wirklich tief getroffen, wenn ein Priester kommt und sagt: Ich gehe weg. „Hast du dich zu wenig für ihn eingesetzt?", ist die Frage an mich.

Aber Sie können doch letztlich nichts dafür!

Das weiß ich nicht. Ich fühle mich zumindest mitschuldig. Habe ich mich nicht genügend geheiligt für ihn? Wenn ein Priester sich von seinen Versprechen lossagt, ist das etwas viel Tiefgreifenderes für beide Seiten, als wenn ein Mitarbeiter in einem Unternehmen kündigt.

Immer frage ich mich, ob ich mich zu wenig heilige. Ob ich zu wenig Vorbild bin. Nehmen wir noch einmal den heiligen Pfarrer von Ars als Beispiel. Er war kein Bischof. Aber er hat seine priesterlichen Mitbrüder angezogen zu Gott hin. Er war wie ein Magnet. Wenn ich ein bisschen mehr diesen Lebensstil hätte, Christus in dieser Intensität nachfolgen würde, vielleicht wäre ich dann auch mehr Magnet.

„Du musst Papst werden!" – „Tut mir das nicht an"

FÜRSTIN GLORIA: *Am 19. April 2005 trat Joseph Ratzinger auf die Loggia des Petersdoms als der neue Papst. Er gab sich den Namen Benedikt XVI. Vorausgegangen war ein überraschend kurzes Konklave. Gerade einmal 26 Stunden haben Sie und Ihre Kardinalskollegen gebraucht, um den Nachfolger des großen Papstes Johannes Paul II. zu wählen. Wie haben Sie dessen Tod und die Wahl Joseph Ratzingers erlebt?*

KARDINAL MEISNER: Am zweiten Weihnachtsfeiertag 2004 fragte mich jemand, was er mir denn noch zu Weihnachten schenken könnte. Da habe ich gesagt: „Du kannst mir einen günstigen Flug von Köln nach Rom schenken. Ich möchte am Weißen Sonntag, also am Sonntag nach Ostern, nach Manoppello reisen, wo in der Kapuzinerkirche das berühmte Tuch mit dem Antlitz Jesu zu sehen ist." Eigentlich wollte ich Montagabend schon wieder zurück sein. Aber am Samstagabend starb der Papst. Aus meinem Ausflug nach Italien wurden drei Wochen. Interessanterweise haben einige deutsche Medien berichtet: Kardinal Meisner konnte es im Gegensatz zu den anderen deutschen Kardinälen gar nicht erwarten, so schnell wie möglich nach Rom zu kommen, um dort Politik zu machen.

Sie konnten also gar nicht mehr nach Manoppello reisen?

Doch. Während meiner Fahrt nach Manoppello war zwar schon die erste Kardinalssitzung. Aber ich habe gesagt: „Das können sie auch ohne mich machen, wir haben noch 14 Tage Zeit" – diese Zeitspanne muss zwischen dem Tod eines Papstes und der Wahl seines Nachfolgers liegen. Als ich aus Manoppello zurückkam, war der Papst noch in der Cappella Clementina aufgebahrt. Ich bin also gleich zum Heiligen Vater und habe ihm geklagt, dass er mich jetzt mit dem Weltjugendtag in Köln alleine lässt. Aber ich habe auch gespürt, dass er intensiver dabei sein würde, als wir denken. Vom nächsten Tag an bin ich jeden Tag früh und mittags in den Kardinalssitzungen gewesen. Waren Sie damals auch in Rom?

Ich war zufällig in Rom und hatte das große Privileg, zu einer Veranstaltung in Subiaco eingeladen zu sein. Kardinal Ratzinger bekam dort einen Preis und hielt anschließend einen Vortrag. Am nächsten Tag sollte er noch eine Pontifikalmesse feiern. Nach dem Vortrag verabschiedete er sich bei mir und bedeutete, dass er auf Grund des schlechten Zustandes des Papstes lieber bei ihm im Vatikan sei und daher zurück müsse. Daraufhin bin auch ich nach Rom gefahren. Noch in derselben Nacht ging ich zum Petersplatz, um dort für den im Sterben liegenden Papst zu beten. Es waren nur wenige Menschen da, die wie gebannt auf das Schlafzimmerfenster schauten. Am nächsten Tag bin ich wieder zum Petersplatz, um dort einen Rosenkranz zu beten. Ich sah den normalen Touristenstrom, nur vereinzelt sah man Menschen beim Beten. Dort gesellte ich mich dazu. Einer war Monsignore Manzetti, ein alter, mir bekannter Priester, der mir nach dem Gebet seinen Rosenkranz überließ.

Bereits am Abend war der Petersplatz dann mit Menschen gefüllt. Die Kamerateams hatten ihre Technik aufgebaut. Ich verabredete mich mit Georg Gänswein, der damals schon der Sekretär von Kardinal Ratzinger war, an der Petrusstatue, um gemeinsam mit ihm und den anderen Tausenden weiter für den sterbenden Papst zu beten. Zum Ende des Rosenkranzes kam die Nachricht, der Papst sei verstorben. Das Gebet aber ging unvermittelt weiter. Die Menschen waren dankbar, dass der Herr seinen Diener heimgeholt hatte. Dieses Gefühl kam auch durch ein besonnenes Klatschen zum Ausdruck.

Kannten Sie Johannes Paul II. gut?

Nein, das kann man nicht sagen. Ich bin ihm zweimal persönlich begegnet. Einmal kurz nach dem Tod meines Mannes 1990. Da durften wir – meine Kinder, meine Schwester und ich – an der Morgenmesse teilnehmen. Anschließend begrüßte der Papst jeden Einzelnen von uns persönlich. Das zweite Mal war im Sommer 1999, als der Papst schon von seiner Krankheit gezeichnet war. Da habe ich die Regensburger Domspatzen nach Rom eingeladen, und wir durften zur Sommerresidenz des Papstes nach Castel Gandolfo fahren. Dort haben die Domspatzen für den Heiligen Vater Marienlieder gesungen. Wir waren sehr glücklich über diesen Besuch. In Rom zurückgekehrt, trafen wir den Sänger Bono der Band U2. Er war am gleichen Nachmittag zu Besuch beim Papst. Das war natürlich ein lustiger Zufall, und wir konnten uns über die Begegnung austauschen.

Nun interessiert mich aber, wie Sie die Wahl Joseph Ratzingers zum Papst erlebt haben. Haben Sie ihn vor der Wahl noch einmal länger gesprochen?

Ganz am Ende des Vorkonklaves, als es also ernst wurde. Wir waren gemeinsam in seiner Wohnung in der Nähe des Vatikans.

Haben Sie da geahnt, dass er Papst werden könnte?

Es wird zwar im Kardinalskollegium vor dem Konklave keine Personaldebatte geführt, aber in den Pausen tauscht man sich natürlich aus. Und wenn man 14 Tage zusammen ist, bekommt man ein Gefühl für die „Raumtemperatur". Man bekommt ein Gespür dafür, wer die besten Chancen hat. Mein Gefühl sagte mir dann auch ziemlich schnell, dass es Joseph Ratzinger werden würde. Meine größte Sorge war aber: Hoffentlich nimmt er das an!

Sie hatten Sorge, dass er gewählt würde und dann die Wahl ablehnt?

Ja, ich habe deshalb beschlossen, ihn noch einmal unter vier Augen zu sprechen. Es war ein sehr bewegendes Gespräch. Ich sagte ihm: „Du wirst mich jetzt für verrückt erklären. Aber aus Verantwortung für die Kirche muss ich sagen: Du musst Papst werden!" Da antwortete er: „Stimmt, du bist wirklich verrückt!" Es war dann eine längere Zeit Stille. Irgendwann bin ich zur Tür gegangen und habe ihm noch mal gesagt: „Wenn du gewählt wirst, musst du Ja sagen!" Er sagte: „Tut mir das nicht an!" Nachdem ich die Tür geöffnet hatte, drehte ich mich noch einmal um, und da bot sich mir ein Bild, das mir wirklich ans Herz ging: Da saß Kardinal Ratzinger richtig zusammengesunken und mit fast verzweifeltem Gesichtsausdruck auf seinem Stuhl. Und ich dachte: „Mein Gott, was geht jetzt in ihm vor?" Er tat mir wirklich leid.

Er hatte sich seine Zukunft auch völlig anders vorgestellt. Eigentlich wollte er mit seinem Bruder Georg die letzten Jahre seines Lebens gemeinsam in Regensburg verbringen und Bücher schreiben. Glauben Sie, dass er Angst vor der Aufgabe hatte? Er befürchtete ja anscheinend, dass er gewählt würde ...

Ich kann Ihnen nicht sagen, ob er Angst hatte. An seiner Stelle wäre ich vielleicht vor dem Konklave weggelaufen. Aber es nützt nichts: Man kann auch gewählt werden, wenn man gar nicht anwesend ist.

Im Konklave ist mir bewusst geworden, welche Verantwortung ein Kardinal für die Weltkirche hat. Das war nahezu erdrückend. Ich habe in meinem langen Leben keine Tage erlebt, die von innen her so aufreibend waren. Ich war ungeheuer nervös und habe während des gesamten Konklaves furchtbar schlecht geschlafen.

Wo haben Sie übernachtet?

Wie alle Kardinäle in der Casa Santa Marta. Die Zimmer wurden verlost. Eigentlich wird nach dem Konklave alles aus der Sixtina, dem Raum des Konklaves, verbrannt, was man bei der Papstwahl benötigt hat. Allerdings bekamen wir im Konklave so herrliche rote Lederunterlagen mit dem Wappen der Sedisvakanz für unsere Arbeit. Da habe ich mir mit vielen anderen Kardinälen gesagt: Das wird nicht verbrannt, das nehme ich mit. Es wäre zu schade zum Verbrennen – und es ist jetzt ein schönes Andenken.

Im Gegensatz zu Ihnen musste ich nach dem Tod Johannes Pauls II. nicht drei Wochen in Rom bleiben. Ich bat meine Freundin Alessandra Borghese, mich anzurufen, sobald sich das Konklave dem Ende zuneigen würde, um rechtzeitig in Rom zu sein und die Amtseinführung zu erleben. Als dieser Anruf kam, hatte das Konklave gerade erst begonnen. Aber Alessandra meinte, ich solle mich beeilen, denn alle Zeichen stünden auf große Einigkeit im Kardinalskollegium und eine dementsprechend schnelle Wahl. Also flog ich sofort nach Rom. Schon am gleichen Abend sahen wir den weißen Rauch aus dem Schornstein aufsteigen. Wir rasten auf unseren Mofas los zum Petersplatz. Aus allen Seitenstraßen kamen die Menschen gerannt. Jeder wollte dabei sein. Wir gingen wieder zur Petrusstatue und fieberten dort mit. Als dann der Name „Josephus Ratzinger" fiel, musste ich vor Rührung weinen.

Die meisten Kommentatoren haben es damals für völlig ausgeschlossen gehalten, dass Ratzinger Papst wird. In Zeitungen wurden immer wieder die fünf oder sieben Kandidaten mit den „größten Chancen" genannt. Ratzinger war meistens nicht darunter. Mir war aber immer klar, dass er der richtige Mann zum richtigen Zeitpunkt am richtigen Ort ist. Es ist wie beim

Pferderennen: Man wettet auf einen Außenseiter, weil man die Qualitäten und das Potential des Pferdes genau kennt. Dann freut man sich auch, wenn genau dieser Außenseiter gewinnt.

Ich habe gehört, dass Kardinal Ratzinger schon vor vielen Jahren bei Ihnen in Regensburg zu Gast war.

Das erste Mal traf ich den Kardinal bei einem Empfang in der Münchner Residenz, das war um das Jahr 1986/87. Als wir dann das 1000-jährige Jubiläum unserer Kirche St. Wolfgang in Regensburg feierten, kam er zu Besuch, und ich hatte die Möglichkeit, ihn predigen zu hören. Von dem Moment an spürte ich, dass dieser Mann etwas ganz Besonderes ist. So suchte ich immer wieder die Gelegenheit, ihn zu treffen, am liebsten zur Heiligen Messe, um ihn predigen zu hören. Manchmal auch zu einer gemeinsamen Mahlzeit.

Über kurz oder lang gehörte ich jenen Menschen an, die man heutzutage auch „Fanclub" nennt. Da ich seit 1999 in Rom eine Wohnung hatte, ergab sich die Chance, dem Kardinal außerhalb des Protokolls zu begegnen, mal in seinem Lieblingslokal, mal in der Wohnung seines Sekretärs, mal im Campo Santo. Dadurch hatte ich die Möglichkeit, ganz ungezwungen mit ihm zusammenzukommen und ihn entspannt und fröhlich zu erleben.

Diese ungezwungene, fröhliche Seite erkennen viele erst, seit er Papst ist.

Na ja, wer hat sich denn von den Journalisten mit Joseph Ratzinger bis zum Jahr 2005 ernsthaft länger beschäftigt? Die meisten haben einfach das Bild von ihm übernommen, das von vielen Medien verbreitet wurde! Der finstere „Panzerkardinal", der manche Theologen angeblich eiskalt abserviert hat.

Für mich war Joseph Ratzinger immer beeindruckend durch sein bescheidenes und dennoch sehr einnehmendes Wesen. Er ist ein zurückhaltender, schüchterner Mann, der aber genau deshalb ungeheuer charmant wirkt. Wenn er spricht, hat er Witz und Charakter. Und das, obwohl er ein wirklicher Gelehrter ist! Viele schlaue Menschen haben die unangenehme Eigenschaft, hochnäsig zu sein, weil sie glauben, alles besser zu wissen. Kardinal Ratzinger dagegen hat sich stets für die „andere Seite" interessiert. Er suchte immer das Gespräch mit Andersdenkenden. Seine Gespräche mit Philosophen wie Jürgen Habermas sind ein Beispiel dafür. Und in die Académie Française wird auch nicht jeder aufgenommen. Ich glaube, dass sich viele wundern würden, wenn sie wüssten, mit welchen Themen er sich beschäftigt.

„In Gemeinschaft mit dem Papst und den Bischöfen"

FÜRSTIN GLORIA: *Als Katholik hat man eine Gehorsamspflicht gegenüber dem Papst. Wie ist dieser Gehorsam genau zu verstehen? Geht diese Pflicht, konsequent gedacht, über den Bischof bis zum Pfarrer hinunter? Muss ich also das tun, was mir mein Pfarrer sagt?*

KARDINAL MEISNER: Dafür muss ich etwas weiter ausholen. Nach dem Zweiten Vatikanischen Konzil wurde in der Theologie manches anders, manches sogar falsch akzentuiert. So zum Beispiel die Gemeindetheologie. Das Wort Gemeinde habe ich bis zum Konzil nur bei unseren evangelischen Mitchristen gehört. Wir Katholiken haben immer nur „Kirche" gesagt. Das hat sich nach dem Konzil geändert. Die Gemeinde ist immer mehr zum ersten Bezug geworden und hat die Perspektive auf die Diözese, die die Ortskirche ist, und auf die Weltkirche oft stark in den Hintergrund treten lassen.

Das ist ein interessanter Aspekt. Ich glaube, dass die Gemeinde für viele Katholiken eine große Bedeutung hat, weil in ihr auch ein soziales Miteinander da ist. Es werden Feste gefeiert, Weihnachtsmärkte organisiert, man ist so etwas wie eine große Familie. Das hat natürlich auch etwas sehr Schönes. Und es ist auch wichtig für die Kirche, dass es starke Gemeinden gibt. Für mich hat das allerdings nie eine große Rolle gespielt. Da ich viel herumreise und immer wieder an anderen Orten bin, erlebe ich Kirche ganz anders: Als große Glaubensgemeinschaft, die über alle Landesgrenzen hinweg die eine Messe zu Ehren Gottes feiert. Wer auch im Urlaub sonntags in die Messe geht, wird das auch spüren. Für den wird die Gemeinde nicht unwichtig, aber es wird ihm sicherlich bewusst, dass sie Teil eines großen Ganzen ist – der universalen Kirche. Eigentlich ist es paradox, dass gerade in Zeiten der Globalisierung die Gemeinde so in den Vordergrund geraten ist.

Ja, aber erst aus dem richtigen Kirchen- und Gemeindeverständnis leitet sich dann die Stellung des Pfarrers, des Bischofs und des Papstes ab.

Ich will ein Beispiel geben: Als Bischöfe schicken wir regelmäßig Hirtenbriefe an die Pfarrer, die dann im Gottesdienst anstatt der Predigt verlesen werden müssen. Aber hin und wieder setzt sich ein Pfarrer darüber hinweg und begründet das etwa damit, dass der Brief angeblich zu lang sei. Diese Einschätzung, ob der Text vielleicht zu lang sei, liegt aber nicht in seiner Entscheidung. Als Vertreter des Bischofs kann er nicht über des Bischofs Wort entscheiden. Es gibt auch Pfarrer, die nicht den

Namen des Papstes oder des Bischofs bei der Eucharistiefeier nennen, wie es vorgeschrieben ist. Die Gemeinde soll sich aber gerade durch diese Nennung der ganzen Kirche verbunden fühlen. Denn der Gottesdienst ist zuerst der Gottesdienst der ganzen Kirche und nicht nur der Gottesdienst der Gemeinde vor Ort. Der Priester muss das darum auch so feiern, dass der Papst und der Bischof immer dabei sein können.

Sie meinen das Hochgebet, in dem der Priester Gott für die Weltkirche bittet: „Beschütze deine Kirche auf ihrem Weg durch die Zeit und stärke sie im Glauben und in der Liebe: deinen Diener, unseren Papst Benedikt, unseren Bischof" – in Ihrem Fall Joachim – „und die Gemeinschaft der Bischöfe, unsere Priester und Diakone, alle, die zum Dienst in der Kirche bestellt sind, und das ganze Volk deiner Erlösten."

Ja, es gibt wohl einige Priester, die das Hochgebet verkürzen und Papst und Bischof einfach nicht nennen. Sie können aber nur dann authentisch zelebrieren, wenn sie in Gemeinschaft mit dem Papst und den Bischöfen stehen. Sie legitimieren sich vor der Gemeinde als authentische Zelebranten, indem sie den Namen des Papstes und ihres jeweiligen Ortsbischofs im Kanon nennen. Sonst wäre es keine katholische Gemeinde, sondern eher eine autonome Sekte. Das ist sehr wichtig, denn hier geht es um das Grundverständnis dessen, was Kirche ist.

Was aber bedeutet die Bischofsgewalt? Wie weit geht der Gehorsam in der Hierarchie herunter?

Wenn Sie von oben anfangen, sind Sie gehalten, dem Papst in seiner Lehrautorität zu folgen. Wenn er „ex cathedra" spricht, sowieso. Aber auch, wenn er in einer Enzyklika spricht, die vor allem appellativen Charakter hat, darf er von den Katholiken erwarten, dass sie ihm im Glaubensgehorsam folgen. Ich spreche ausdrücklich vom Glauben. Das heißt nicht, dass man nicht in der Praxis hier und da unterschiedlicher Meinung sein kann und das auch sagt. Ich habe zum Beispiel Papst Johannes Paul II. in einer Frage widersprochen.

Allerhand! Was war das?

Ich habe immer Zweifel geäußert an einer Eucharistiefeier mit einer oder zwei Millionen Gläubigen. Er hat ja in vielen Ländern der Erde diese großen Messen gefeiert.

Was ist daran falsch? Das sind doch für viele Menschen ganz besondere Glaubenserlebnisse.

Mag sein. Aber die Eucharistie ist ein Opfer in der Gestalt des Mahls – sie hat also die Mahlform. Geht das mit zwei Millionen Menschen? Ich habe das einmal in Warschau bei einem großen Papstgottesdienst erlebt. Nach dem Kommunionausteilen sind wir in eine Sakristei unter der Altarinsel gegangen. Da standen mit weißem Tuch bezogene Wäschekörbe. Die übriggebliebenen Hostien wurden dort hineingeschüttet. Niemand machte die Kniebeuge davor. Wie auch? Vor einem Wäschekorb kniet man sich nicht hin. Vor einem Speisekelch mit Velum, also einem Tuch, darüber dagegen schon. Daran merken Sie, wie ein wichtiges Zeichen bei solch einem Mega-Event zerbricht. Eucharistie mit einer Million Gläubigen kann man schwerlich Tischgemeinschaft nennen. Ich habe Johannes Paul II. das manchmal gesagt.

Also Widerspruch und Streit sind erlaubt, aber letztlich muss die Priesterschaft loyal gegenüber dem Bischof sein, sollte er anders entscheiden?

Natürlich! Bei den heutigen komplexen Problemen muss man sich beraten lassen. Guter Rat ist mir wirklich teuer. Manche Dinge lasse ich auch im Erzbischöflichen Rat, im Priesterrat, im Diözesanpastoralrat abstimmen. Ich möchte ein Meinungsbild haben. Aber ich muss dann danach als Bischof in meiner eigenen Verantwortung die Entscheidung treffen. Natürlich kann jemand seine Meinung zum Hirtenbrief sagen und äußern, dass er mit mir nicht übereinstimmt, wenn es sich nicht um wesentliche Glaubensfragen handelt. Aber umgekehrt darf ich erwarten, dass dem Bischof auch offen zugehört wird und dass man versucht, die Meinung des Bischofs mit innerer Unvoreingenommenheit zu verstehen.

Beim Papst ist es doch genauso. Er hat seine Kongregationen und Räte, die ihn beraten. Aber die letzte Entscheidung muss er allein fällen.

Bei so schwerwiegenden Fragen etwa wie der Genforschung oder der Sterbehilfe muss eine Entscheidung auf umfassenden Informationen beruhen. Das ist aber für eine Person allein schlichtweg nicht zu bewältigen; das überfordert jeden, auch den Papst. Deswegen hilft ihm zum Beispiel die Academia Vitae, die alle Fragen, die auf dem Gebiet des Umgangs mit menschlichem Leben auftreten, bearbeitet. Auch ich treffe mich gelegentlich mit entsprechenden Fachleuten, um mich über die neuesten Erkenntnisse auf für die Kirche entscheidenden Gebieten zu informieren. Mit ihnen diskutiere ich das Verhältnis neuer wissenschaftlicher Erkenntnisse zu unserem christlichen Glauben. Da gibt es durchaus konträre Positionen. Und auch die Kirche muss angesichts der rasanten Entwicklung gerade in Bereichen wie der Genforschung immer wieder neu entscheiden, was sie im Lichte des Glaubens für vertretbar hält und was nicht.

Ein Papst fällt also niemals Entscheidungen aus dem Nichts heraus. Nach langem Abwägen von Argumenten und intensivem Gebet entwickelt er auf Grund unseres Glaubens die Position der Kirche. Es geht nicht um seine Privatmeinung. Ich glaube, wenn mehr Menschen päpstliche Dokumente wirklich lesen und Aussagen in ihren Zusammenhang stellen würden, würden sie vieles, was „aus Rom kommt", wie es immer so schön heißt, ganz anders sehen. Aber natürlich ist es hier auch die Pflicht der Kirche, den Gläubigen die kirchliche Position verständlich zu vermitteln.

Bischof Hugo Aufderbeck, der in den 70er Jahren Ihr Bischof in Erfurt war, hatte Ihnen vor Ihrer Bischofsweihe gesagt: Sie werden als Bischof viele Schläge erhalten und sollten nicht zurückschlagen. Haben Sie sich denn daran immer gehalten?

Das war am Abend der Bischofsweihe. Da sagte er: „Jetzt bist du mit mir unter das gleiche Joch gespannt. Wir werden viele Schläge bekommen. Aber versprich mir: Wir schlagen nicht zurück." Er hat das geschafft, er war ein Heiliger. Ich habe mich leider nicht immer daran gehalten. Und wo ich manchmal hätte schweigen sollen, habe ich geredet, und wo ich hätte reden sollen, habe ich geschwiegen. Ein Glück für mich, dass es die Beichte gibt, in der auch ich meine Fehler vor Gott bekennen kann.

„Probleme sind nicht allein mit Geld zu lösen"

FÜRSTIN GLORIA: *Herr Kardinal, seit Anfang 1989 sind Sie Erzbischof von Köln. Sie sind kein gebürtiger Rheinländer, sondern in Breslau geboren und mit elf Jahren nach Thüringen gekommen. Ihre Mutter flüchtete mit Ihnen und Ihren drei Brüdern 1945 von Schlesien nach Thüringen. Ihre Mutter arbeitete in einer „Konsum"-Verkaufsstelle und brachte so mühsam sich und ihre Kinder über die Runden.*

KARDINAL MEISNER: Das war wie für viele Millionen andere Deutsche eine sehr schwere Zeit. Nach unserer abenteuerlichen Flucht kamen wir nach Körner in Thüringen, das liegt ungefähr 30 bis 40 Kilometer östlich vom Eichsfeld. Ich bin in einer richtigen Diasporagemeinde aufgewachsen. Wir waren 2000 Katholiken, auf 30 Dörfer verteilt, und hatten gemeinsam einen Pfarrer. In unseren Dörfern gab es keine katholische Kirche oder Kapelle, gar nichts. Alle 14 Tage gab es eine Heilige Messe in der evangelischen Kirche. An den Sonntagen, an denen wir keine Messe hatten, haben wir mit unseren heimatlichen Gesangbüchern Andacht gehalten. Als wir dann festes Schuhwerk hatten, gingen wir alle 14 Tage in das Nachbardorf zur Messe.

Sie haben als Jugendlicher erst einmal eine Banklehre gemacht.

Ja. Nach der Banklehre kam ich 1951 ins Gymnasium in Magdeburg und trat schließlich ins Erfurter Priesterseminar ein. Dann war ich zunächst drei Jahre Kaplan in St. Ägidien in Heiligenstadt im Eichsfeld, wahrscheinlich, um mich richtig katholisch zu machen.

Warum? Ist das Eichsfeld eine katholische Gegend?

Ja, und zwar richtig katholisch. Es ist tatsächlich ein Landstrich in einer protestantischen Gegend, in dem sich der Katholizismus gehalten hat. Das Eichsfeld gehörte einst zum katholischen Kurmainz, und es kam hier das alte Prinzip „cuius regio, eius religio" zur Geltung. Dadurch ist die Bevölkerung in der Gegenreformation hier wieder katholisch geworden. Ich wurde also nach Heiligenstadt im Eichsfeld geschickt, in die größte Gemeinde praktizierender Katholiken, die wir in der DDR hatten. Mit 5000 Gläubigen. 3000 kamen jeden Sonntag in die Kirche. Wir hatten ca. 800 schulpflichtige Kinder, die zweimal pro Woche zum freiwilligen Religionsunterricht kamen. In den staatlichen Schulen gab es natürlich keinen Religionsunterricht. Die Bedingungen waren also trotz der politischen Situation gut. Ich hatte noch dazu sehr gute Chefs. Ich muss schon sagen: Der Liebe Gott hat's mit mir von Anfang an gut gemeint. Das Eichsfeld ist mir bis heute unvergessen.

Aber später sind Sie dann doch nach Erfurt gegangen, oder nicht?

Doch, das stimmt. Nach der Eichsfelder Zeit habe ich 13 Jahre in der Diözesan-Caritas mitarbeiten können und zwar in den inhaltlichen Belangen. Ich brauchte mich nicht um die ökonomischen Dinge zu mühen, sondern konnte mich um das geistliche Profil der Häuser kümmern, um die Ausbildung der Kindergärtnerinnen und der Krankenschwestern.

Also eine Art Spiritual.

Ja. Ich war viel unterwegs. Montags und dienstags gab ich im Kindergartenseminar und in der katholischen Krankenpflegeschule in Erfurt Religionsunterricht. Mittwoch, Donnerstag, Freitag, Samstag war ich unterwegs, um für unsere kirchlichen Einrichtungen religiöse Einkehrtage zu halten. Dabei lag mir besonders daran, den Mitarbeiterinnen und Mitarbeitern etwas ganz Praktisches an die Hand zu geben, etwa, wie man das Evangelium in der Arbeit leben kann. Dann feierten wir gemeinsam Heilige Messe. Ich frühstückte mit den Frauen, die in der Waschküche arbeiteten, aß mit den Chefärzten zu Mittag, nachmittags tranken wir alle gemeinsam noch einen Kaffee. In dieser Zeit bin ich mit den Menschen in Thüringen sehr zusammengewachsen.

Aber die Mitarbeiterinnen und Mitarbeiter in den Caritas-Einrichtungen waren doch sicher nicht alle katholisch, gerade in der DDR?

Der größte Teil schon. Darauf haben wir schon geachtet. Aber es haben alle – ob katholisch oder nicht – an den Veranstaltungen teilgenommen, einige sogar an der Heiligen Messe. Das ist so leider heute kaum mehr vorstellbar.

Ostdeutschland ist heute Diaspora, Katholiken und Protestanten sind in der Minderheit. Mich wundert das immer, weil viele SED-Gegner in der ehemaligen DDR aus kirchlichen Kreisen kamen und maßgeblich zur friedlichen Revolution beigetragen haben. Eigentlich müsste die Kirche doch heute ein immenses Ansehen bei den Menschen haben. Ähnlich wie die demokratischen Parteien aber tut sie sich schwer, in den neuen Bundesländern Fuß zu fassen. Sie kennen das Leben in Ostdeutschland und in Westdeutschland sehr gut. Was ist der Grund dafür?

Seit der Wiedervereinigung wurden Milliarden in die neuen Bundesländer investiert. Das sorgt zwar für eine gewisse Akzeptanz der Sozialen Marktwirtschaft. Aber die sozialen und gesellschaftlichen Probleme in der ehemaligen DDR lassen sich nicht vordergründig durch Geld lösen. Die sozialistische Prägung wirft lange Schatten, das muss man verstehen. 40 Jahre sind eine lange Zeit! Natürlich ist die Saat der Indoktrination nicht bei allen aufgegangen. Aber spurlos geht eine Diktatur an niemandem vorüber. Letztlich gibt es drei Möglichkeiten: Entweder Sie werden Teil des Systems. Oder Sie gehen in die innere Emigration. Oder Sie widersetzen sich. Welchen dieser drei Wege man wählt, hängt von sehr vielen unterschiedlichen Faktoren ab. Eine wichtige Rolle spielt die Prägung durch die Familie. Wenn Sie in einem Umfeld groß werden, das vom Sozialismus überzeugt ist, ist es eher unwahrscheinlich, dass sie zum aktiven Regimegegner werden. Insofern gibt es zunächst einmal keinen Grund, jemanden pauschal zu verurteilen.

Meine Brüder und ich waren von Kindesbeinen an katholisch geprägt. Als überzeugte Katholiken kamen wir automatisch in Konflikt mit dem Sozialismus. Aber das war auch wieder ein Schutz vor Indoktrinierungsversuchen. Man sagt, die Meisners sind so verrückt katholisch, dort hat es keinen Sinn. Bei meinen Neffen und Nichten war es zum Beispiel immer klar, dass sie gefirmt werden und unter keinen Umständen zur staatlichen Jugendweihe gehen – koste es, was es wolle. Als Folge davon hat auch niemand das normale Abitur machen können, sondern es an Abendschulen nachholen müssen. Das hat ihnen natürlich viel abverlangt. Aber die Familie hat die innere Freiheit bewahrt.

„Wo zwei oder drei in meinem Namen versammelt sind …"

FÜRSTIN GLORIA: *War Ihre Familie eine Ausnahme oder sind viele Katholiken der Aufforderung der Kirche gefolgt, weder zur Jugendweihe zu gehen noch in die Partei einzutreten?*

KARDINAL MEISNER: Viele Katholiken haben das befolgt. Der Tanz mit der Jugendweihe ging jedes Jahr von Neuem los. Als Bischof von Berlin habe ich einmal ein Mädchen in Vorpommern gefirmt. Sie war die Einzige in ihrer Klasse, die nicht zur Jugendweihe ging. Die Lehrerin stellte sie im Unterricht vor die Klasse und sagte: „Guckt euch mal diese dumme Gans an, die nicht zur Jugendweihe geht." Und das gegenüber einem Kind! Während die anderen zur Vorbereitung auf die Jugendweihe mit dem Bus nach Berlin in die Oper oder ins Theater fuhren, musste dieses Mädchen in eine andere Klasse zum normalen Schulunterricht gehen. Da habe ich sie gefragt: „Gibt es in deiner Klasse noch eine Schülerin oder einen Schüler, der an Gott glaubt?" Sie sagte: „Es gibt noch den Sohn des evangelischen Pfarrers, der an Gott glaubt." Mein Rat an sie war: „Jesus hat gesagt: ‚Wo zwei oder drei in meinem Namen versammelt sind, da bin ich mitten unter ihnen.' Ihr müsst Jesus zu eurem Mitschüler machen. Dann seid ihr immer die Stärkeren und habt Jesus Christus selbst hinter euch. Tut euch also jeden Morgen vor der Schule mit Jesus zusammen." Wenn da aber nicht die ganze Familie dahintergestanden hätte, wäre das gar nicht gegangen. Das ist schon heroisch gewesen, wie konsequent manche jungen Christen ihren Glauben bekannt haben und damit sich nicht vom System plattmachen ließen.

Ich wollte gerade sagen: Das ist der Stoff, aus dem die Heiligen gemacht sind!

Ja. Ich will das nicht idealisieren. Viele haben nicht standgehalten. Aber diejenigen, die standhaft geblieben sind, waren wirklich überzeugend.

Ich habe oft das Gefühl, dass in Ländern, in denen eine Diktatur herrscht und die Menschen politisch unfrei sind, die Kirche als Freiheitselement empfunden wird. Auch wenn viele den Glauben nicht teilen können und nicht regelmäßig am kirchlichen Leben teilnehmen, hat die Kirche trotzdem den Charme eines Außenseiters.

In der DDR kostete Christsein seinen Preis. Wer offen als Christ lebte, konnte in der Welt der Kultur und der Politik nichts werden. Von einer gewissen Hierarchiestufe an war dort kein praktizierender Christ zu finden.

Ein Beispiel für eine gewisse Duldung christlicher Außenseiter sind die protestantischen Fakultäten an den Universitäten gewesen. Weil es nicht so viele Bewerber gab, bekam man dort immer einen Studienplatz. Da haben sich viele, die in normalen Verhältnissen Politikwissenschaft oder Journalistik studiert hätten, für Theologie eingeschrieben. Mich hat es nicht erstaunt, dass nach der Wende viele Pfarrer in die Politik gingen: Joachim Gauck, Rainer Eppelmann und andere. Im Westen wären sie möglicherweise nicht zuerst Theologen geworden, sondern sofort Politiker oder Journalisten.

Wie haben Sie den Alltag in der DDR erlebt? Konnten Sie unbehelligt Eucharistie feiern? Ich habe aus Erzählungen von Ostdeutschen den Eindruck, dass man als Katholik in der DDR zwar beruflich keine Karriere machen konnte, aber an-

sonsten in Ruhe gelassen wurde. Eine offene Verfolgung wie in der Nazizeit hat es in der DDR also nicht gegeben?

Nein. Mein Chef bei der Caritas in Erfurt war bereits Caritas-Direktor während der Nazi-Zeit in Schlesien. Er sagte immer: „Gegen das Dritte Reich ist das hier in der DDR leichter. Denn damals wurde dir sofort der Kopf heruntergeholt, wenn du ein falsches Wort gesagt hast." Das hat das DDR-Regime nicht gemacht. Dennoch gab es auch einige Christen, die mit dem Regime in Konflikt kamen und Gefängnisstrafen auf sich nahmen.

Viele Ostdeutsche sagen heute, dass sie bei allem Positiven, was der Fall der Mauer gebracht hat, die Solidarität, die nachbar-schaftliche Hilfe, den Zusammenhalt vermissen, den es zu DDR-Zeiten gegeben habe. Machen Sie diese Beobachtung auch? Und: Hat sich diesbezüglich auch in der Kirche etwas ge-ändert?

Es stimmt schon: Der Zusammenhalt der Menschen, nament-lich der Christen und Priester, war beeindruckend.

Wenn dort zu DDR-Zeiten ein Priester starb, kamen alle Priester aus der betreffenden Diözese und Umgebung an sei-nem Grab zusammen. So etwa im Ostteil des Bistums Berlin, das bis zur Insel Rügen reichte. In Westberlin hingegen, wo die Menschen auch damals durch S-Bahn und U-Bahn beste Verkehrsanbindungen hatten, stand ich manchmal bei Priester-beerdigungen mit nur wenigen Mitbrüdern allein da.

Die Zivilisation kann auch in sogenannten zivilisierten Ge-sellschaften stärker leiden als unter widrigen gesellschaftlich-politischen Umständen. Ich habe mich oft gefragt, woher das kommt. Letztlich ist die Antwort ganz einfach: Es kommt durch die Individualisierung in den modernen westlichen Ge-sellschaften. Die Menschen teilen das Leben viel weniger miteinander, als es in Ostdeutschland damals der Fall war.

Unsere Leute in der Diaspora der DDR mussten im öffentlichen Leben immer gegen den Strom schwimmen. Deshalb waren sie glücklich, wenn sie bei Zusammenkünften in unseren Bildungshäusern ein oder zwei Tage mit Gleichgesinnten und Gleichberufenen zusammen waren. Für diese Menschen war es immer ein großes Geschenk, für einige Stunden mit anderen zusammen sein zu können, die so dachten, so redeten und so handelten wie sie. Das war sehr wichtig, zum Beispiel auch bei Wallfahrten. Und was es im Großen in der Kirche gab, gab es eben auch vielfach im Kleinen, in den Familien und Nachbarschaften.

Und noch ein zweiter Aspekt: 1975 durfte ich von der DDR aus die erste Rom-Reise meines Lebens machen. Das war, kurz nachdem ich zum Weihbischof ernannt worden war. Menschen, die immer in der Freiheit gelebt haben, können wahrscheinlich die Empfindungen nicht verstehen, die ich bei dieser Reise hatte. Das Seltsame war aber, dass ich mich, obwohl ich die schreckliche innerdeutsche Grenze pervers fand und mir der ganze SED-Staat zutiefst zuwider war, bis dahin nie wirklich eingeengt gefühlt hatte. Ich konnte mir das nur so erklären, dass ich immer die herrliche Freiheit der Kinder Gottes genießen durfte. Damit will ich nicht sagen, dass man die Menschen einsperren soll, um ihnen diese innere Freiheit beizubringen. Die kann man ja außerdem nicht aus eigener Kraft lernen, sondern ich sehe darin eine Gnade, die einem Christen hilft, selbst eine Diktatur wie die DDR zu überstehen. Nach meinen Erfahrungen kann ich mir allerdings gut vorstellen, dass eine beschauliche Nonne wie die kleine Therese von Lisieux in der Klausur des Klosters mehr von der Welt mitbekommen kann als jemand, der unentwegt von einem Flugzeug zum anderen hetzt und die ganze Welt durchreist. Denn die Welt kann so tief sein, wie sie weit ist. Dieses Bewusstsein ist in unserer heutigen Welt weitgehend verlorengegangen.

Kann es auch sein, dass es eine größere Offenheit der Menschen gegenüber Kirche und Glauben gab, einfach weil das System dagegen war, aus Protest?

Ganz sicher. In Berlin stehen die Kathedrale und das Bischofshaus gleich neben der Staatsoper, in der Nähe einiger großer, guter Hotels. Es kam während meiner Zeit als Bischof von Berlin oft vor, dass die Angestellten dieser Häuser dort unserer Schwester Oberin heimlich ein paar Kisten Bananen oder sogar Kalbfleisch gebracht haben. Wir hatten unsere Gefriertruhen immer voller Lebensmittel, weil die Menschen uns so viel brachten und schenkten. Viele waren gar nicht katholisch, aber sie sagten: „Wir unterstützen euch, weil ihr als Kirche nicht alles mitmacht und ein Herz für die armen Leute habt."

Die Aufdeckung von ehemaligen Inoffiziellen Mitarbeitern der Staatssicherheit sorgt immer wieder für Schlagzeilen, wenn auch vielleicht in den letzten Jahren seltener. Ich frage mich oft, ob die Leute nicht zu Unrecht beschuldigt werden. Viele haben doch möglicherweise aus Angst vor schweren Repressionen eine Verpflichtungserklärung unterschrieben und dann nutzlose Informationen geliefert.

Das ist sehr schwer zu beurteilen, und ich will mich deswegen auch mit Urteilen zurückhalten. Die Beweggründe waren sicherlich so vielfältig wie die Menschen. Besonders tragisch war es, wenn sich einer als Spitzel hergab, weil er aus irgendeinem Grund von der Stasi erpresst wurde.

Priesteramts-Kandidaten jedenfalls schärften wir Bischöfe deswegen vor der Weihe bei einem Vieraugengespräch ein:

„Wenn ihr einmal eine Dummheit macht – die Stasi findet sie als Erste heraus und wird euch erpressen! Deshalb müsst ihr uns in die Hand versprechen: Wenn so etwas vorkommt, sagt der Stasi, dass ihr sofort zum Bischof fahrt und ihm berichtet, dass die Stasi schon da war und warum sie da war. Nur so behaltet ihr eure innere Freiheit. Ich helfe euch dann aus dieser Situation heraus, egal, was kommt." Denn wenn die Stasi wusste, dass für sie jemand nicht mehr erpressbar war, hat sie ihn in der Regel auch in Ruhe gelassen. Das hat uns geholfen.

Sind Sie von der Stasi bespitzelt worden?

Natürlich, das hat mich nicht überrascht. Erschüttert war ich aber darüber, dass sogar zwei Mitarbeiter hinter meinem Rücken ihre eigene Politik gemacht haben.

Ihre eigenen Mitarbeiter haben kollaboriert?

Ja. Das ist eine der größten Enttäuschungen meines Lebens. Ich habe es nach der Wende in meinen Stasi-Akten selbst lesen müssen.

„Überlebensrettende Verbindung mit Rom"

FÜRSTIN GLORIA: *Die Ostpolitik des Vatikans war unter Papst Paul VI. innerkirchlich sehr umstritten. Rom plante unter seinem Pontifikat eine behutsame Annäherung an den Ostblock. Wie haben Sie das damals in der DDR aufgenommen?*

KARDINAL MEISNER: Das ist ein schwieriges Kapitel. Es geht hier um die Frage, wie sich die Kirche in widrigen politischen Umständen verhalten kann, um überlebensfähig zu bleiben – und wie man damit als Priester oder Bischof vor Ort umgeht.

Lassen Sie mich mit einem historischen Beispiel antworten: Die Bischöfe, die während der Französischen Revolution den Eid auf die neuen Machthaber verweigerten, wurden jahrelang verfolgt. Später dann hat Napoleon ein Konkordat mit Rom geschlossen. Für jedes Département wurde ein Bistum errichtet, und die Kirche konnte die Bischofsstühle alle besetzen, wie sie wollte. Die einzige Bedingung war, dass die Bischöfe, die zuvor den Eid nicht abgelegt hatten, aus dem Verkehr gezogen würden. Das hat die Kirche gemacht.

Sie hat die Helden, die dem Papst folgten und in den Untergrund gegangen sind, die ihr Leben riskiert haben, fallenlassen?

Ja. Sie hat sich darauf eingelassen, damit die Kirche nach der Französischen Revolution eine neue Zukunft in Frankreich fand. Ein weiteres Beispiel ist das Schicksal von József Kardinal Mindszenty im kommunistischen Ungarn.

Kardinal Mindszenty? Ich bin von ihm gefirmt worden! Meine Mutter ist Ungarin und, wie viele ihrer Landsleute, eine glühende Verehrerin des Kardinals. Die Verehrung in unserer

Familie wuchs, als man erfuhr, dass er über Jahre im Gefängnis
von den Kommunisten gefoltert worden war. Ein toller, beein-
druckender Mann!

Ja, einer der großen Märtyrer der Kirche im 20. Jahrhundert.
Nach der Besetzung Ungarns durch die Deutschen im Zweiten
Weltkrieg protestierte er lautstark gegen die Judenverfolgung
und gegen den Krieg und wurde gemeinsam mit anderen Priestern ins Gefängnis geworfen. Doch was für eine Größe: Obwohl die Deutschen ihm und seinen Landsleuten so viel Leid
angetan hatten, war er später derjenige, der als Einziger öffentlich gegen die Vertreibung der deutschen Bevölkerung aus Ungarn protestierte. Nach dem Krieg kämpfte er gegen die Kommunisten und wurde für die ungarische Bevölkerung zum
Symbol des Widerstands gegen das Regime. Er wurde von den
Kommunisten eingekerkert. Schließlich konnte er im Zuge des
Volksaufstandes von 1956 in die US-Botschaft in Budapest
flüchten, wo er 15 Jahre im Exil lebte.

Er weigerte sich, Ungarn zu verlassen, soweit ich mich erinnere.

Ja, aber mit der Zeit wurde er dort nicht nur der US-Regierung,
sondern auch dem Vatikan zur Belastung. Beide wollten die
neue Entspannungspolitik gegenüber der Sowjetunion fortfüh-
ren. Der Wiener Erzbischof Kardinal König fuhr schließlich im
Auftrag des Papstes zu Mindszenty, um ihn zur Ausreise nach
Rom zu bewegen. Der Papst machte ihm das Zugeständnis,
Primas von Ungarn bleiben zu dürfen – aber eben im Exil.
Schließlich ging er nach Wien ins alte ungarische Priesterseminar. Das aber hatte den Status einer Botschaft, war also exterri-
torial und damit ungarischer Boden. Als Kardinal Mindszenty
von dort aus fortfuhr, Schriften gegen die Kommunisten in
Ungarn zu publizieren, machten die Sowjets weiter Druck auf

den Vatikan, von Mindszenty abzurücken. Zwei Jahre später wurde er auch als Primas von Ungarn entpflichtet. Und das hat ihn zutiefst getroffen.

Er fühlte sich von der eigenen Kirche verraten. Warum hat der Papst so entschieden?

Das hing mit der ganzen Ostpolitik des Vatikans damals zusammen. Die Ostpolitik ging davon aus, dass der Kommunismus noch hundert Jahre und länger existieren würde, und wollte darum der Kirche im Kommunismus einen gewissen Lebensrahmen sichern. Für Ungarn bedeutete das, neue Personen ins Spiel zu bringen, also einen neuen Primas für Ungarn. Darum musste Mindszenty abgelöst werden. Dem Papst fiel das sehr schwer. Aber er sagte, er müsse Kardinal Mindszenty dieses Opfer um der Kirche willen abfordern. Wissen Sie, was auf seinem Grab steht? „Vita humiliavit, mors exaltavit" – „Das Leben hat ihn erniedrigt, der Tod hat ihn erhöht." Ich habe immer dafür gebetet, dass ich nicht verbittere, sollte ich einmal in eine solche Situation kommen.

Gab es Momente, in denen Sie mit der Kirche gehadert haben?

Gehadert nicht. Aber es gab Entscheidungen der Kirche, mit denen ich mich schwergetan habe.

Welche?

Um ein ganz persönliches Beispiel zu nennen: Als ich 1980 zum Bischof von Berlin ernannt wurde, habe ich mich anfangs mit Händen und Füßen dagegen gewehrt.

Das verstehe ich nicht! Das war doch eine riesige Chance für Sie!

Ich fühlte mich der Sache aber damals nicht gewachsen. Bischof von Ost- und West-Berlin – das war keine dankbare Aufgabe. Außerdem musste ich erneut meine Heimat aufgeben. Ich hatte tiefe freundschaftliche Verbindungen zu vielen Menschen in Thüringen. Am schwersten fiel mir der Abschied von meinem Bischof Hugo Aufderbeck. Als mich der Ruf nach Berlin ereilte, war er bereits schwer an Krebs erkrankt. Und in dieser Situation sollte ich ihn als sein Weihbischof auch noch alleinlassen. Ich kam mir wie ein Verräter vor. Also habe ich erst mal „Nein" gesagt. Ein Prälat aus Berlin schrie mich dann an, ich hätte dem Papst zu folgen. Da habe ich geantwortet: „Sie trifft's ja nicht. Sie können gut reden."

Aber Sie sind dann doch nach Berlin gegangen …

Schweren Herzens. Das war eine schwierige Situation, aber kein Grund, an der Kirche zu zweifeln. Sie war für mich immer eine Wirklichkeit, die uns mit geradem Rücken durch die Welt gehen ließ. Ich habe deshalb auch anti-römische Affekte nicht erlebt und auch nie nachvollziehen können. Die Bindung an Rom hat gerade uns in der DDR das Überleben in der Diktatur gesichert. Der Papst ernannte die Bischöfe, nicht die SED! Allein das gab uns schon ein Stück psychologische Unabhängigkeit gegenüber den Machthabern. Hinzu kam eine gewisse territoriale Unabhängigkeit.

Inwiefern?

In der DDR hatten wir eine andere Situation als in Ungarn. Wir hatten dort außer dem Bistum Dresden-Meißen keine eigenständigen Bistümer. Erfurt gehörte auch nach der deutschen Teilung territorial nach Fulda, Magdeburg nach Paderborn, Schwerin nach Osnabrück. Berlin gehörte wegen des Viermächte-Status völkerrechtlich nicht zur DDR, obwohl die DDR dann Ost-Berlin zu ihrer Hauptstadt erklärte. West-Berlin galt der DDR immer als selbstständige politische Einheit. Papst Paul VI. wollte deshalb mit der DDR eine vertragliche Regelung festlegen. Er dachte, wie schon erwähnt, dass der Kommunismus noch eine sehr lange Zeit existieren würde. Und als früherer kurialer Beamter war er in der Gedankenwelt der Konkordatspolitik groß geworden. Er dachte, die Kirche sei nur zu retten, wenn es Konkordate gibt. Deswegen war er bereit, in der DDR Bistümer zu errichten. Ich habe Kardinal Bengsch, der damals Bischof von Berlin und Vorsitzender der Berliner Bischofskonferenz war, einmal weinen sehen: Das war, als der Papst beschlossen hatte, mit der DDR Verhandlungen über ein Konkordat aufzunehmen. Kardinal Bengsch berichtete uns in der Bischofskonferenz, dass er vor dem Papst leidenschaftlich dagegen votierte. Anschließend sei er vor ihm niedergekniet und habe ihm gesagt: „Heiliger Vater, wenn Sie das tun, werden wir Ihnen folgen, aber mit blutendem Herzen."

Was wäre die Folge gewesen?

Damit wäre die innerdeutsche Grenze auch die Grenze der Bistümer gewesen. Die alten Verbindungen zu den westdeutschen Mutterbistümern wären gekappt, die Trennung zwischen den beiden Teilen Deutschlands auch kirchlich vollzogen worden. Wir Katholiken in der DDR wollten den Glauben an die Einheit Deutschlands aber nicht aufgeben. Wie schwer es war, diesen Glauben durchzuhalten, können Sie sich vorstellen, wenn Sie daran denken, dass die Bundesrepublik die DDR mit der Zeit de facto als Staat anerkannte. Honecker wurde am Ende sogar wie ein Staatsgast nach Bonn eingeladen, mit rotem Teppich, DDR-Flagge und Hymne empfangen. Da fragten sich im

Vatikan natürlich viele Diplomaten, warum sie in Rom deutscher sein sollten als die Deutschen selbst.

Wir wissen ja, dass kein Konkordat zustande kam, weil Paul VI. darüber starb. Der Pole Karol Wojtyla folgte ihm als Papst Johannes Paul II. Er war aus seiner Erfahrung mit den Kommunisten der Auffassung, dass der erreichte Modus vivendi mit Ost-Berlin genüge. Das mochte gelegentlich Unannehmlichkeiten mit sich bringen, aber er war überzeugt, dass die Kirche gerade in diesen Fragen das klare Bekenntnis brauchte. Darin war er sehr konsequent.

„Unser erster Auftrag ist die Seelsorge"

FÜRSTIN GLORIA: *Herr Kardinal, lassen Sie uns über die Zukunft der katholischen Kirche in Deutschland sprechen. Ihre goldenen Zeiten sind – so die weitverbreitete Meinung – längst vorbei. Rund 2,5 Millionen Menschen sind alleine in den vergangenen 20 Jahren aus der Kirche ausgetreten. Viele Bistümer leiden unter massiven finanziellen Problemen. Ein Bischof und seine Pfarrer stehen heute vor ganz anderen Herausforderungen als noch vor 30 Jahren. Sie müssen nicht nur eine, sondern oft gleich mehrere Gemeinden seelsorgerisch betreuen, das heißt Messe feiern, die Beichte abnehmen, trauen, taufen und beerdigen und vieles mehr. Ihnen werden mehr denn je auch Managementqualitäten abverlangt. Reicht eine theologische Ausbildung überhaupt noch, um eine Gemeinde zu leiten?*

KARDINAL MEISNER: Wenn ich bei Kunsthistorikern zu Gast bin, sagen die mir: „Priester brauchen eine kunsthistorische

Ausbildung! Sie sind für wertvolle Gemälde in unseren Kirchen verantwortlich und hantieren mit unglaublich kostbaren Kelchen und anderem Gerät. Dafür braucht man ein gewisses Grundverständnis." Sie als Managerin von Thurn und Taxis sagen mir: „Ein Pfarrer braucht doch betriebswirtschaftliche Kenntnisse, um den Herausforderungen der Zeit zu begegnen!" Das sind nachvollziehbare Erwägungen. Wenn wir sie aber befolgen würden, käme die Priesterausbildung an gar kein Ende mehr. Pfarrer laufen schnell Gefahr, sich vom Eigentlichen zu entfernen. Am Schluss wird der Priesterberuf als Verwaltungsjob wahrgenommen und die eigentliche Seelsorge nur noch als ein Nebenaspekt. Diese aber sollte und muss die Hauptaufgabe sein. In der Praxis lernen sie dann eine Menge über die ganz alltäglichen Dinge, die man als Pfarrer erledigen und können muss. Wenn ein Pfarrer sein Herz am richtigen Fleck hat, findet er auch Leute in der Gemeinde, die ihm bei komplizierteren Sachverhalten helfen.

Das ist also auch eine wichtige Aufgabe der Laien in der Kirche?

Natürlich! Mir helfen viele Laien sehr durch Rat und Tat. Viele gestandene Frauen und Männer, die in der Kommunalpolitik und in der Landespolitik tätig sind, helfen mir durch Hinweise und Anregungen. Solche Ratgeber sind mir für meinen Dienst äußerst wichtig. Einem Bischof sind ja auch beratende Laiengremien an die Seite gestellt, mit denen er regelmäßig spricht.

Allerdings ist es meine Pflicht als Erzbischof, dann nach allen Beratungen letztlich eine Entscheidung zu fällen. Diese Pflicht kann mir niemand abnehmen.

Sie leiten immerhin die reichste Diözese der Welt. Welche Fachleute ziehen Sie in finanziellen Dingen zu Rate?

Wir sind nicht die reichste, wohl aber die umfangreichste Diözese. Wir haben den größten Haushalt, unsere Rücklagen dagegen sind nicht so üppig. Ich habe das mal ausrechnen lassen: Wenn wir ab morgen keine Einnahmen mehr hätten, könnten wir noch ein paar Monate existieren. Einige vermeintlich „arme" Diözesen könnten dagegen in einer solchen Lage noch länger existieren. Aber es stimmt, uns stehen die meisten Mittel zur Verfügung.

Das heißt, das Geld kommt herein und wird sofort wieder ausgegeben.

Ja, als Kirche sind wir aber auch nicht dazu da, Geld zu horten. Natürlich brauchen wir finanzielle Mittel, um wichtige Aufgaben zu erledigen, gerade im seelsorglichen, im schulischen und sozialen Bereich. Dafür brauche ich natürlich den Rat von Fachleuten. Ich habe sehr gute Mitarbeiter, angefangen beim Generalvikar bis hin zu meinem Finanzdirektor. Und unser Kirchensteuerrat ist mir hier unentbehrlich, das ist ein gewähltes Gremium von etwa 30 Fachleuten.

Sie haben selbst als junger Mann eine Banklehre gemacht …

Auch wenn das mehr als 50 Jahre her ist – ein gewisses Verständnis für wirtschaftliche Zusammenhänge habe ich dadurch von Anfang an bekommen. Ich sitze auch in zwei ökonomischen Gremien im Vatikan: in der „Präfektur für wirtschaftliche Angelegenheiten des Heiligen Stuhls" und im sogenannten „Kardinalsrat zum Studium der organisatorischen und wirtschaftlichen Fragen des Apostolischen Stuhls". Im Kardinalsrat sind 13 Kardinäle aus aller Welt, die einmal im Jahr zusammenkommen und über den Haushalt des Vatikans sowie die Finanzierung des Heiligen Stuhls beraten. Da sammelt man natürlich auch seine Erfahrungen.

Wenn wir auf die Finanzsituation der Kirche in Deutschland schauen, ist die Not mit Händen zu greifen. Die Einnahmen sind in vielen Bistümern dramatisch zurückgegangen. Haben sich aber im Laufe der Jahrzehnte nicht auch große Wasserköpfe in der Verwaltung gebildet?

Ich will nicht von Wasserköpfen sprechen, denn dahinter stehen immer Menschen. Das darf man nicht vergessen. Aber wir müssen ohne Frage unsere Verhältnisse an unsere finanziellen Möglichkeiten anpassen. Das Generalvikariat des Erzbistums Köln hatte früher 800 Mitarbeiter, jetzt sind es noch 500. Ein Viertel haben wir in den Gemeinden einsparen können. So etwas kostet Kraft bei allen Beteiligten und Betroffenen. Wir haben in Köln viele Strukturen und Aufgaben reformiert. Manche Bistümer haben diese Veränderungen zu lange umschifft und sind so in massive Schwierigkeiten geraten. Hinzu kommt eine Reihe äußerer, von uns nicht zu beeinflussender Faktoren.

Das Ruhrgebiet zum Beispiel, das größtenteils zum Bistum Essen gehört, muss einen tiefgreifenden Strukturwandel bewältigen; die ganze Montanindustrie ist dort zusammengebrochen, Tausende Menschen wurden arbeitslos. In den Bistümern der neuen Bundesländer wiederum decken die Einnahmen nur einen Teil der anfallenden Kosten ab. Aus eigenen Mitteln kann kaum eine Diözese ihre Aufgaben bestreiten.

Die Haupteinnahmequelle der deutschen Diözesen ist die Kirchensteuer. Sie wird vom Staat mit der Lohn- und Einkommensteuer eingezogen. Außer in Deutschland gibt es das in dieser Form in keinem Land der Erde. Meine Frage zielt darauf ab, ob das noch zeitgemäß ist. Joseph Ratzinger hat in seinen Interviews mit Peter Seewald gesagt, er würde sich für die Kirche in Deutschland eher ein Finanzierungsmodell wie in Italien wünschen. Dort sind alle Bürger verpflichtet, einen geringen Pro-

zentsatz ihres Einkommens der Kirche zu geben oder dem Roten Kreuz oder für die Dritte Welt. Können Sie sich eine solche Wahlmöglichkeit auch für Deutschland vorstellen?

In dieser Welt gibt es nichts Vollkommenes, dennoch kenne ich bisher kein besseres als unser deutsches Kirchensteuersystem. Es macht die Kirche unabhängig von Geldgebern. In den USA ist genau dies das Kreuz: Ein amerikanischer Kardinal, den ich gut kenne, sagte mir mit Blick auf seine umfangreiche Figur, er könne nicht abnehmen, denn er müsse ein Festessen nach dem anderen geben. Dort sammelt die Kirche genauso wie Politiker im Wahlkampf Spendengelder. Ich halte das für nicht unproblematisch.

In Deutschland befürchten viele Bischöfe, dass die Kirche ruiniert wäre, wenn es das jetzige Steuermodell nicht mehr gäbe. Sehen Sie das auch so?

Das kann man wohl so nicht sagen. Was sich bewährt hat, sollte man zu erhalten suchen, und in diesem Fall um der Kirche und der Menschen willen.

Ich habe mir die Zahlen zur Kirchensteuer herausgesucht: Knapp vier Milliarden Euro Kirchensteuer nimmt die katholische Kirche im Jahr ein. Hunderte Krankenhäuser, Schulen, Frauenhäuser, Waisenheime werden finanziert. Die katholische und die evangelische Kirche sind die größten sozialen Dienstleister in Deutschland. Dennoch werden beide Institutionen von den Menschen ungeheuer kritisch gesehen. 42 Prozent der Menschen in Deutschland zeigen kein Vertrauen in die Kirche – weder in die katholische noch in die evangelische. Das ist doch eine unglaubliche Diskrepanz zu dem, was die Kirche für die Gesellschaft leistet? Warum verkauft die Kirche nicht öffentlich

viel stärker, was sie für die Gesellschaft im sozialen Bereich tut?
Oder versteht sich die Kirche möglicherweise zu sehr als sozia-
ler Dienstleister?

Es wäre falsch und sogar unredlich, wenn die Kirche ihre Existenz mit ihren sozialen Einrichtungen rechtfertigen würde.
Oder wenn sie zum Beispiel die Kirchensteuer verteidigt, indem sie auf die vielen Altenheime und Schulen verweist, die
sie betreibt. Dafür ist die Kirchensteuer nicht in erster Linie
da! Sie wurde in Zuge der Säkularisation eingeführt und soll
sicherstellen, dass die Kirche ihren geistlichen und seelsorgeri-
schen Auftrag erfüllen kann, nämlich das Evangelium zu verkünden, Mission zu betreiben, Gottesdienst zu feiern und als
Konsequenz daraus Werke der Nächstenliebe zu tun. Es gibt
auch viele andere nichtkirchliche Institutionen, die sozial tätig
sind. Daraus also unsere Existenzberechtigung abzuleiten –
das wäre ein Irrtum, der im Endeffekt auf uns selbst zurück-
fiele. Aber dass wir unsere sozialen Einrichtungen mit mehr
Elan vom Herzen her versehen sollten, ist mir völlig einsichtig.

„Unser Profil droht verlorenzugehen"

FÜRSTIN GLORIA: *Ich glaube aber schon, dass katholische Kindergärten, Altenheime oder Krankenhäuser sehr wichtig sind, weil sie in einem anderen Geist geführt werden als staatliche oder private Einrichtungen.*

KARDINAL MEISNER: In ein katholisches Krankenhaus zu kommen, ist heute ein hoher Wert. Trotzdem stelle ich mir manchmal die Frage, wo es überhaupt noch Unterschiede zwischen einem katholischen und einem kommunalen Krankenhaus gibt. Ein Kölner Arzt sagte mir einmal: „Wenn mich jemand nach einem anthroposophischen Krankenhaus fragt, weiß ich, wo ich ihn hinführen kann. Wenn ich nach einem katholischen Krankenhaus gefragt werde, weiß ich das nicht." Dabei haben wir in Köln eine Reihe katholischer Kliniken. Ich weiß nicht, ob diese Beobachtung so zutrifft. In unseren Krankenhäusern wird schon sehr segensreich gewirkt. Dennoch dürfen wir die Augen auch vor den Gefahren nicht verschließen. Das heißt: Viele unserer Krankenhäuser sind so eingespannt in die Alltäglichkeit, dass ihr Profil verlorenzugehen droht.

Wie kann man dieses Profil schärfen?

Das fängt mit ganz einfachen Dingen an. Gibt es im Krankenhaus ein gemeinsames Abendgebet? Jedes Krankenhaus hat einen Hausfunk. Warum wird nicht abends drei Minuten ein schönes Abendlied gespielt, ein kurzes Gebet, etwa ein Vaterunser gesprochen?

Ein zweites Beispiel: Ich war vor einiger Zeit in einem großen Kölner Krankenhaus. Dort führte man mich in die neuen Kreißsäle – ganz großartig, überall hochmoderne Technik. Ich fragte die Ärzte: „Wo ist denn der Kreißsaal, wo man zum ewigen Leben geboren wird – wo und wie stirbt man denn bei Ihnen? Können die Verwandten eines Sterbenden kommen und notfalls übernachten? Wo kommt der Leichnam hin? Gibt es einen Verabschiedungsraum?" Den Unterschied zwischen einem katholischen und einem weltlichen Krankenhaus muss man daraus ablesen können, wie dort gestorben wird. Die Menschen müssen bei uns in Würde und christlich sterben können.

Auch von einem Hospiz erwarte ich etwas mehr. Der eigentliche Sinn eines Hospizes ist es, die Familie eines Sterbenden für einige Wochen zu entlasten. Sterben sollen die Menschen können im Kreise derer, die sie lieben. Es gibt immer Fälle, in denen ein Sterbender das Hospiz nicht mehr verlassen kann. Viele sind aber so gut beieinander, dass die Verwandten noch die Pflege übernehmen können und jemand vom Hospiz nur zur Unterstützung kommt. Zum Beispiel kann man heute die Schmerztherapie medikamentös so einstellen, dass die stationäre Behandlung vielfach nicht mehr nötig ist.

Letztlich können Sie diesen „Geist", wie Sie es genannt haben, aber nur durch Personen sicherstellen. Die Ärzte und alle anderen Mitarbeiter, besonders die im Pflegedienst tätigen, müssen überzeugte Christen sein. Doch das wird immer schwieriger.

Aber warum – die Hauptsache ist doch, dass sich eine soziale Einrichtung finanziell trägt und Menschen hilft?

Nein, für eine kirchliche Einrichtung reicht das nicht aus. Natürlich ist es wichtig, dass sie sich finanziell trägt. Aber der Mensch lebt letztendlich nicht vom Brot allein. Wenn wir da keine katholischen Mitarbeiter finden, die mit christlicher Überzeugung ihrer Arbeit nachgehen, können wir dichtmachen. Das ist ein ungeheuer sensibles Gebiet, auf dem sich in der nächsten Zukunft zeigen wird, ob wir als Kirche noch ein so umfangreiches Sozialwerk im Geiste Christi tragen können. Wenn ich einen Vergleich aus der Wirtschaft anbringen darf: Keine Firma würde Mitarbeiter einstellen, die in wesentlichen Fragen die Grundsätze des Unternehmens nicht unterschreiben und auch befolgen.

Gehen Sie davon aus, dass in Zukunft katholische Sozialeinrichtungen schließen müssen, weil sie kein geeignetes Personal mehr finden?

In der Tat glaube ich, dass wir manche unserer Einrichtungen zukünftig nicht mehr halten können. Aber abgesehen davon meine ich, dass sich das ganze deutsche Krankenhauswesen auf einem zweifelhaften Weg befindet. Mittlerweile spricht man von einem „Krankenhausmarkt", das heißt, man kämpft um Marktanteile, woran sich auch die kirchlichen Häuser beteiligen müssen. Das geht aber am Wesen der Krankenpflege komplett vorbei, ja, ist dem nahezu entgegengesetzt. Wenn ein katholisches Krankenhaus die Kranken nicht mehr mit dem heilenden Jesus in Berührung bringt, hat es seine Daseinsberechtigung verloren. Dann sollte man es in weltliche Hände geben.

Also lieber in Schönheit sterben? Oder Einrichtungen an private Betreiber verkaufen?

Schauen Sie, die Kirche hat sich immer hinuntergebeugt zu den Notständen vor ihren Füßen und hat sie aufgehoben. Wenn sie diese Aufgabe erledigt hat und andere das übernehmen können, muss sie sie abgeben. Wir brauchen freie Hände, um neue Notstände aufzugreifen und anzupacken. Darauf kommt es an! Das Problem ist aber: Wir können die neuen Notstände gar nicht erkennen und aufgreifen, weil wir oft nicht bereit sind, etwas von dem abzugeben, was wir in den Händen halten. Vielleicht ist für uns am Ende weniger mehr. Mir wären ein paar Einrichtungen weniger lieber, die dann aber wirklich vorbildlich geführt werden.

Kirchliche Krankenhäuser und Hospize erhalten auch Unterstützung vom Staat. Können Sie aber die Unabhängigkeit, die Sie beschwören, unter diesen Umständen überhaupt bewahren? Anders ausgedrückt: Was soll die Kirche denn tun, sollte der Staat in Zukunft seine Zuschüsse davon abhängig machen, ob in katholischen Krankenhäusern das als Maßstab gelten muss, was gesetzlich erlaubt oder straffrei ist, also zum Beispiel Abtreibung oder auch aktive Sterbehilfe?

Wenn der Staat uns solche Bedingungen diktiert, unter denen wir eine soziale Einrichtung zu führen haben, müssen wir sofort jede finanzielle Hilfe ablehnen! Das ist zunächst noch eine theoretische Frage, und ich hoffe nicht, dass sie eine praktische wird. Aber niemand kann von uns erwarten, dass wir als katholische Kirche uns an Dingen beteiligen, die wir grundsätzlich für falsch halten. Die Tatsache, der wir uns stellen müssen, will ich mit einem Bild erläutern.

Unsere Kirche gleicht manchmal einem Auto, das eine zu große Karosserie und einen zu schwachen Motor hat. Darum läuft der Motor ständig heiß. Wir müssten uns doch mühen, den Motor zu verstärken; wenn das nicht gelingt, dann muss die Karosserie verkleinert werden.

Was meinen Sie mit größerem Motor? Was wäre das zum Beispiel?

Der Motor treibt die Maschine an, setzt die getankte Kraft in Bewegung um. Unser Motor als Christen ist die Glaubenskraft. Die Kirche lebt nicht von Institutionen, sondern aus ihrem

Glauben. In den Institutionen kann sie ihn umsetzen, aber sie sind nicht der Motor.

Und wenn das nicht gelingt ...?

... müssen wir uns eine kleinere Karosserie zulegen. Wir müssen jetzt das Beste aus unserer Situation machen, selbst wenn wir darum eine an Institutionen ärmere Kirche werden sollten. Aus ihr entsteht möglicherweise mehr Kraft und Spiritualität als aus einer reichen Kirche.

„Schenkt dem Herrn eine halbe Stunde am Tag"

FÜRSTIN GLORIA: *Ende 2006 haben Sie eine Richtlinie veröffentlicht, mit der Sie multireligiöse Gottesdienste in den kirchlichen Schulen für katholische Christen untersagten. Die Reaktionen darauf waren bemerkenswert: Anfangs sah es so aus, als wenn der klassische Empörungs- und Proteststurm über Deutschland hinwegfegen würde. In den ersten Stellungnahmen wurde verwundert festgestellt, dass Sie diese Anweisung herausgaben, kurz nachdem Papst Benedikt XVI. die Blaue Moschee in Istanbul besucht hatte. Doch dann erhielten Sie nicht nur Unterstützung von der Deutschen Bischofskonferenz, sondern auch von der evangelischen Kirche und schließlich vom Vorsitzenden des Islamrats in Deutschland. Und die Zeitung „Die Welt" schrieb: „Man kann dem ersten Mann im bedeutendsten deutschen Erzbistum eines gerade nicht vorwerfen: dass er Wünsche von Angehörigen nicht-christlicher Religionsgemeinschaften ignoriere. In seinem Sprengel arbeitet seit drei*

Jahrzehnten ein eigenes Referat für den interreligiösen Dialog. Köln war in dieser Hinsicht das ‚fortschrittlichste' Bistum."

KARDINAL MEISNER: Als ich das Verbot für multireligiöse Gottesdienste in Schulen erließ, hat der nordrhein-westfälische Integrationsminister erst einmal populistisch mit eingestimmt in den Chor derer, die mich beschimpft haben. Mit Blick auf die Türkeireise des Heiligen Vaters behauptete er, dem Papst „im interreligiösen Miteinander" näherzustehen als ich. Weder hat Papst Benedikt XVI. in der Blauen Moschee in Istanbul gebetet, noch tat das Johannes Paul II. mit Muslimen in Assisi.

Sondern?

Als der Chef der türkischen Religionsbehörde, Ali Bardakoglu, in der Blauen Moschee betete, stand Benedikt XVI. schweigend daneben. Und auch 1986 in Assisi haben Buddhisten, Hinduisten, Muslime, Juden und Christen jeweils für sich alleine gebetet. Anschließend haben alle gemeinsam eine Friedensdeklaration veröffentlicht. Das ist etwas ganz anderes als ein gemeinsames Gebet. Wenn der Angehörige einer anderen Religion betet, sollten wir in Respekt vor seiner Glaubensüberzeugung schweigend danebenstehen. Das ist der richtige Umgang miteinander.

Warum können wir nicht miteinander beten?

Weil wir als Christen beim Gebet einen anderen Adressaten haben als Muslime. Deren Allah ist nicht der trinitarische Gott, also Vater, Sohn und Heiliger Geist in einer unteilbaren Einheit. Kinder können das aber schon gar nicht auseinanderhalten. Viele katholische Kinder können heute leider noch nicht einmal das Kreuzzeichen machen. Es hilft auch nichts, mehr

Gemeinsamkeiten zwischen den Religionen einfach zu fordern, wenn es de facto große Unterschiede gibt. Das beiseitezuschieben hieße Nichtbeachtung den anderen gegenüber und Ehrfurchtslosigkeit vor Gott. Gleichmachender Mischmasch befördert nicht ein Miteinander der Kulturen.

Das habe ich dem Ministerium auch noch mal erklärend geschrieben. Allerdings – hätten sie meine Richtlinien und meine Stellungnahme gelesen, wäre eine nachträgliche Erklärung gar nicht nötig gewesen.

Wir Christen in Westeuropa scheinen das Beten verlernt zu haben. Warum fällt es dem modernen Menschen so schwer, zu beten?

Ich weiß nicht, ob es ihm unbedingt schwerer fällt als früher. Wenn ich sehe, wie viele vor allem junge Menschen unsere Kirchen besuchen, sich in eine Bank setzen und einfach nur schweigend verharren, ist mir nicht bange um – wenn ich das so ausdrücken darf – „die Zukunft des Gebetes". Der Mensch hat einfach einen inneren Drang, in den Dialog mit Gott zu treten, und das nicht nur in dunklen Zeiten seines Lebens.

Ich halte das regelmäßige Gebet für immens wichtig. Meinen Priesteramtskandidaten sage ich immer: „Natürlich müsst ihr Theologie studieren und die Lehre der Kirche gründlich kennen. Aber noch viel wichtiger ist das Gebet. Schenkt dem Herrn jeden Tag eine halbe Stunde eures Lebens. Wir haben nur ein einziges Leben. Wenn ich eine halbe Stunde bete, dann geht dieses Stück meines einmaligen Lebens in die Hand Gottes über. Ob mich das Gebet gefühlsmäßig glücklich macht, ist nicht das entscheidende Kriterium für ein gutes Gebet, sondern dass ich Gott ein gutes Stück meines Lebens direkt schenke. Auch ich denke manchmal beim Beten: „Ich bin heute so verwirrt, ich kann mich gar nicht konzentrieren. Aber ich möchte dir, Gott, einfach jetzt diese halbe Stunde schenken. Da will ich auch nicht über zu haltende Katechesen oder Predigten nachdenken. Ich schenke dir einfach meine Zeit und damit mein Leben."

Wie oft beten Sie am Tag?

Eigentlich fange ich gleich nach dem Aufwachen an. Das Erste, was ich morgens mache, ist ein großes Kreuzzeichen.

Bevor Sie aufstehen?

Ja. Ich versuche es immer wirklich groß zu machen. Für mich ist das große Kreuzzeichen wie ein Mantel, in den ich mich einhülle. Die Orthodoxen verneigen sich beim Bekreuzigen bis zur Erde. Im Kreuzzeichen hüllt man sich ein in das Kleid Christi. Einer der Kirchenväter hat gesagt, man ist erst dann ein Christ, wenn man Christus so selbstverständlich mit sich herumträgt wie das Kleid am eigenen Leib.

Und nach dem Aufstehen folgt gleich die Heilige Messe?

Nach dem Aufstehen bete ich zunächst in meiner Kapelle. Ich besitze ein ganzes Büchlein mit meinen Lieblingsgebeten. Die habe ich mir zusammengestellt, schon im Hinblick auf mein fortgeschrittenes Alter. Wenn ich einmal so vergesslich werden sollte und ich meine Lieblingsgebete nicht mehr zusammenbekomme, dann habe ich sie jetzt schon in einem Büchlein zusammen. Beim Morgengebet liegen neben mir auf dem Betschemel das Brevier, also das Buch mit dem Stundengebet der Kirche, und mein Terminkalender.

Warum der Terminkalender?

Weil ich frühmorgens meine Arbeit bete. Anschließend brauche ich nur noch mein Gebet „zu arbeiten". Wir laufen immer Gefahr, das Sakrale und das Profane voneinander zu trennen, nach dem Motto: Ich glaube und bete, aber mein Glaube und mein Gebet haben mit meiner Arbeit nichts zu tun. Ich versuche, darauf zu achten, dass mein Leben nicht zweispurig verläuft. Gebet und Arbeit müssen eine Einheit sein. Ich schaue mir also an, was ich an dem bevorstehenden Tag zu tun habe, welchen Menschen ich begegnen werde, welche Probleme ich zu lösen habe. All das nehme ich mit in mein Gebet. Das gibt der Arbeit eine andere Qualität.

Das heißt, Sie nehmen die Arbeit ins Brevier mit hinein.

Ja, aber nicht nur. Die Terz des Breviers zum Beispiel ...

... also das dritte priesterliche Amtsgebet zur dritten Stunde, das ist nach unserer heutigen Zählung um 9 Uhr ...

... bete ich auch gleichzeitig für meinen Weihekurs, das heißt für die Brüder, die mit mir zusammen 1962 zum Priester geweiht wurden. Leider haben zwei von ihnen das Priestertum später aufgegeben. Für sie bete ich natürlich auch. Nach dem Mittagessen gehe ich dann mit meinem Sekretär in die Kapelle und bete mit ihm ein Rosenkranz-Gesätz – für unsere Wohltäter, für den Papst und um geistliche Berufungen und für unsere Priester. Am Abend ist dann in der Komplet die Gewissenserforschung fällig.

Der Rosenkranz ist mein Lieblingsgebet. Ich bete ihn überall, wo ich Wartezeiten habe. Oder beim Autofahren und natürlich auch vor dem Einschlafen. Es hilft mir, zur Ruhe zu kommen.

Wurde Ihnen das Beten von zu Hause mitgegeben?

Ja, ich war ein frommes Kind und habe schöne Gotteserfahrungen machen dürfen. Mit meiner Pubertät kam dann allerdings auch die Zeit der sogenannten „Selbsterfahrung". Also war für mich nicht mehr angesagt, was mir die liebevollen Eltern vorschrieben, sondern ich habe nur noch auf meine Freunde gehört. Da war natürlich viel Blödsinn dabei. Zu Hause kam es dann auch zu Diskussionen, warum wir jeden Sonntag in die Kirche gehen sollten. Ich habe das überhaupt nicht eingesehen. Natürlich hat meine Mutter das betrübt. Alle Eltern sorgen sich, wenn das Kind vom vorgelebten Weg abweicht. Aber das muss wohl so sein und hatte in meinem Fall auch sein Gutes. Meine Mutter erzählte mir mal, dass ich sie sozusagen beruhigt hätte. „Mach dir keine Sorgen, Mama, ich komme sicher wieder zum Glauben zurück, das ist jetzt nur meine Zweifelphase."

Die ja dann irgendwann vorbei war ...

Mein Mann hat dabei eine wichtige Rolle gespielt. Er wurde sehr katholisch erzogen und hatte dadurch eine gute Grundeinstellung und auch Katechismus-Kenntnis. Als Junggeselle hat er sein Leben mit den Pflichten des Gläubigen allerdings nicht immer ganz in Einklang bringen können ... Das führte dazu, dass er immer wieder gute Gründe fand, die Glaubenspraxis zeitweise etwas zu vernachlässigen. Aber es war ihm immer bewusst, dass ihm etwas fehlte, dass etwas nicht richtig war in seinem Leben. Als wir uns dann näherkamen und er merkte, wie wichtig mir die sonntägliche Messe war, fing er auch wieder an, regelmäßig in die Kirche zu gehen und auch mit den Kindern zu beten. Ich glaube, er hat sich auch darüber gefreut, dass ich in diesen Dingen so stabil war und er mit mir dadurch einen wichtigen Teil seiner früheren familiären Routine wieder aufnehmen konnte.

Gestritten haben wir uns Gott sei Dank in den wesentlichen Dingen, also Glaubensfragen und Erziehung, nie. Diskutiert haben wir aber schon. Er hat mich gerne provoziert. Wahrscheinlich wollte er testen, wie fest und wie überzeugt ich tatsächlich bin.

Wie hat er das gemacht?

Einmal waren wir in der Karwoche auf unserem Segelboot bei den Kanarischen Inseln unterwegs. Als wir Karfreitag an Land kamen, wollte er mit den Kindern Eis essen gehen. Sie waren zwar noch klein, aber ich fand trotzdem das Eisessen an diesem Tag unpassend. Darüber entstand ein Streit während der Autofahrt, die wir zu einem nahe gelegenen Vulkan unternahmen. Und was entdeckte mein Mann dort? Ein paar Leute, die riesige Steaks grillten! Jetzt trieb er es natürlich auf die Spitze: Er musste unbedingt mit den Kindern diese Steaks essen. Ich schimpfte wie ein Rohrspatz. Mein Mann aber sagte: „Was kann ich dafür, dass heute Karfreitag ist?" Auf der Rückfahrt bin ich kurzerhand aus dem Auto ausgestiegen, weil ich mich so über ihn ärgern musste. Sicherlich haben die Kinder dann ein richtiges Spektakel veranstaltet, und er war damit überfordert. Nach 20 Minuten kam er zurückgefahren, um mich zu holen. Die Kinder erinnern sich an den Vorfall noch heute. Mein Mann provozierte eben sehr gerne, und im Nachhinein lachen wir natürlich darüber.

„Bei Gott ist jeder die Hauptperson"

Kardinal Meisner: Gehen Sie täglich in die Heilige Messe?

Fürstin Gloria: *Ja, in der Regel schaffe ich es auch immer. Ich reise viel und mache mir einen Spaß daraus, an den Orten, die ich besuche, zuallererst eine katholische Kirche zu finden. Das ist manchmal eine Herausforderung. Aber ich habe sogar in Dubai und auf der Insel Lamu im Indischen Ozean Kirchen gefunden, in denen jeden Tag Gottesdienst gefeiert wird. Als Katholik hat man so auch immer einen Anlaufpunkt. So war das auch, als ich mir mein Haus in Watamu in Kenia gebaut habe. Nur ein paar Hundert Meter von mir entfernt ist eine kleine katholische Kirche, in der täglich Messe gefeiert wird. Mit dem dortigen Priester und der Gemeinde habe ich mich angefreundet. Ich singe auch im Kirchenchor mit.*

Können Sie Suaheli, die Sprache der Kenianer?

Nein, richtig sprechen kann ich Suaheli nicht. Aber singen schon!

Wie viele Katholiken gibt es in Kenia? Und wie viele besuchen in Watamu die Messe?

In Kenia sind die Katholiken mit rund 20 Prozent in einer Minderheit. Das Land ist durch die englische Kolonialzeit geprägt. Heute gibt es viele verschiedene evangelikale Sekten, die sich auch durch den Einsatz von amerikanischen Missionaren stark verbreitet haben. Mehr als die Hälfte der Kenianer gehört einer der mehr als 200 verschiedenen christlichen Gemeinschaften an. Alles Katholische kommt aus dem Nachbar-

land Tansania: Die Messbücher, die Gebetbücher und alles, was man für die Liturgie und den Schulunterricht braucht, wird dort gedruckt.

Trotzdem wächst unsere Gemeinde in Watamu. Aber das ist nur möglich, weil die Priester auch bis in den Busch zu den Menschen kommen, um Messe zu feiern. Das Bedürfnis nach Seelsorge ist in Kenia so groß, dass sich die Einheimischen in den Dörfern der Steppe demjenigen anschließen, der zuerst kommt. Es ist daher das Wichtigste, dass die Priester in die Lage versetzt werden, auch in die entferntesten Dörfer ihrer Pfarrei zu gelangen. Das ist angesichts von Pfarreien, die bis zu 2000 Quadratkilometer groß sind, sehr schwierig. Die Pfarrei bei uns in Watamu ist 700 Quadratkilometer groß. Unserem Priester habe ich deshalb ein Auto gekauft, damit er die großen Entfernungen bewältigen kann.

Natürlich haben die Priester dort auch finanziell sehr zu kämpfen. Sie wohnen in ärmsten Verhältnissen und sind bei allem, was sie tun, auf Spenden angewiesen. Aber trotz ihrer Armut ist die Kirche in Kenia ein Hort der Zuversicht und Freude. Die Menschen fühlen sich trotz ihrer ganz anderen Geschichte und der unterschiedlichen kulturellen Herkunft als Teil der großen weltumspannenden Kirche. Die Gottesdienste werden zwar sehr genau nach dem römischen Ritus gefeiert, haben aber eben einen afrikanischen Einschlag. Das halte ich für eine große Stärke der Kirche, dass „frische Katholiken" aus nicht-europäischen Kulturen ihre Form der Frömmigkeit bewahren und in die römische Tradition integrieren können. Mich rührt es immer, wie groß die Begeisterung der Menschen für die Liturgie und den Katechismus ist und wie bereitwillig alle mithelfen, die Kirche aufzubauen.

Für mich ist gerade auch der katholische Geist immer wieder bewegend, den man in den Kirchen rund um den Globus antrifft. Eine Woche nach dem Weltjugendtag in Köln erhielt ich einen Brief einer jungen Frau, die unter der Million Besucher in Köln gewesen war. Auch sie hatte auf dem Marienfeld gekniet und zu Gott gebetet. Sie schrieb mir: „Gott hat sich die ganze Zeit nur mit mir beschäftigt. Ich hatte schon ein schlechtes Gewissen, dass die anderen zu kurz kommen." Ich habe ihr daraufhin geantwortet: „Sie brauchen kein schlechtes Gewissen zu haben. Die Präsenz des Herrn in der Eucharistie ist so dicht, dass jeder einzelne der einen Million Menschen auf dem Marienfeld für Jesus die Hauptperson ist. Das ist kein psychologischer Gag, sondern theologische Realität!"

„Liturgie – gewachsene Nähe Gottes zu uns Menschen"

FÜRSTIN GLORIA: *In den vergangenen Jahren ist innerhalb der Kirche ein Thema wieder aktuell geworden, das längst der Vergangenheit anzugehören schien: Die sogenannte tridentinische oder auch „alte Messe" in lateinischer Sprache. Sie wird nach dem Missale Romanum aus dem Jahr 1570 zelebriert, das auf das Konzil von Trient zurückgeht. Im Anschluss an das Zweite Vatikanische Konzil wurde die Messe der römisch-katholischen Kirche reformiert. Behutsam angepasst worden war die Messe im Laufe der Jahrhunderte immer. Die Liturgiereform Papst Pauls VI. war allerdings ein unvergleichlich tiefgreifender Einschnitt. Mit dem Missale Romanum von 1969 gab es nicht eine angepasste, sondern tatsächlich eine „neue Messe". Etliche Katholiken empfanden das als einen unannehmbaren Bruch mit der Tradition.*

100

Nach 38 Jahren hat Papst Benedikt XVI. im Juli 2007 die „alte Messe" als „außerordentliche Ausdrucksform" wieder freigegeben und damit dem Wunsch vieler Katholiken entsprochen. Ich denke, dass dieser Ruf auch eine Reaktion auf das war, was Priester gerade in Deutschland, der Schweiz, in Österreich und in Frankreich zu verantworten haben. In vielen Gemeinden wurde und wird die Heilige Messe meiner Ansicht nach entweiht. Oft habe ich das Gefühl, als wolle man mit Absicht zerstören, was Katholiken seit Jahrhunderten gut und heilig ist. Das klingt brutal, aber ich möchte kurz beschreiben, was ich in vielen Gottesdiensten erlebe: Die liturgischen Texte werden nach Belieben umgemodelt. Wichtige Gebete werden einfach weggelassen. Das Glaubensbekenntnis wird oftmals nur noch in Kurzform gesungen – wenn überhaupt, während es bei den Protestanten übrigens zum festen Bestandteil des Sonntagsgottesdienstes gehört. Statt der wunderschönen Kirchenlieder, die wir von unseren Vorfahren geerbt haben, werden „Songs" mit erschreckend banalen Texten gesungen. Und immer wieder habe ich das Gefühl, dass Pfarrer oder auch Gemeindemitglieder den sonntäglichen Gottesdienst als Möglichkeit zur Selbstverwirklichung verstehen. Aus dieser Situation heraus verstehe ich, dass viele Gläubige sich nach der alten Form der Liturgie sehnen. Dieser Ruf wäre nicht laut geworden, wenn die „neue Messe" in den vergangenen 35 Jahren flächendeckend korrekt gefeiert worden wäre.

Aber ich frage mich auch: Warum hat die Kirche es überhaupt so weit kommen lassen? Attraktiver ist sie dadurch zumindest nicht geworden. Die Zahl der Gottesdienstbesucher in Deutschland ist seit dem Konzil dramatisch gesunken.

Kardinal Meisner: Gut, fangen wir mal von vorn an. Erstens: Die Liturgiereform nach dem Zweiten Vatikanischen Konzil litt an einem großen Geburtsfehler. Die Liturgie wurde praktisch durch einen Federstrich umgestellt. Man hat damit den Eindruck erweckt, Liturgie sei nicht etwas über Jahrhunderte hinweg organisch Gewachsenes und durch die Tradition Geschenktes, sondern etwas Machbares. Das war fatal. Besonders die orthodoxe Kirche hat das sehr befremdet, eben aus der Überzeugung, dass Liturgie gewachsene Nähe Gottes zu den Menschen ist. Damit ist das Großartige der Liturgiereform nach dem Konzil verunklart worden.

Und die „alte Messe" wurde von Bischöfen und Theologen anschließend regelrecht bekämpft! Ein ungeheurer Bruch in der Kirchengeschichte, wie es ihn noch nie gegeben hat!

Wenn eine Liturgie, die viele Generationen von Katholiken in ihrem Glauben genährt hat und mit der ungezählte Heilige gelebt haben, auf einmal verboten erscheint, dann stimmt da irgendetwas nicht. Das ist so, als wollte man Gott vorschreiben, dass er sich in diesem alten Ritus nicht mehr den Menschen nähern darf. Es ist die Freude Gottes, bei den Menschen zu sein. Diese Freude soll in der Liturgie ihren Ausdruck finden. Ein Konzern kann seine Buchhaltung von heute auf morgen ändern, die Kirche ihre Liturgie aber nicht. Das war ein Fehler, an dem die Kirche bis heute zu tragen hat. Aber denken Sie dabei auch an das viele Positive der Liturgiereform! Ich erinnere nur an die Einführung der Muttersprache. Man darf deshalb die Liturgiereform nicht allein nach den Missbräuchen bewerten, die der eigentliche Grund des Unbehagens mancher Christen ihr gegenüber sind.

Die Folge der Liturgiereform war eine kleine Kirchenspaltung. Der französische Erzbischof Marcel Lefebvre hat sich mit einigen Priestern geweigert, nach dem neuen Messbuch zu zelebrieren. Schließlich gründete er die Pius-Bruderschaft, die bis heute ausschließlich die tridentinische Messe feiert und nicht in Gemeinschaft mit Rom steht.

Hier wurden sicher auf beiden Seiten Fehler gemacht. Einerseits darf ein Bischof den Gehorsam gegenüber dem Papst nicht davon abhängig machen, ob er eine Entscheidung für richtig oder falsch hält. Andererseits wurde die Liturgiereform mitunter als Bruch mit der Tradition empfunden, gerade in Ländern wie Frankreich, der Schweiz und wohl auch der Bundesrepublik. In Ostdeutschland zum Beispiel hat sich der neue Ritus langsamer, das heißt organischer durchgesetzt als in Westdeutschland, weil wir gar nicht die Möglichkeiten hatten, die Reform von heute auf morgen umzusetzen. Und dafür gab es einen nahezu banalen Grund: Uns fehlten schlicht die neuen Messbücher. Die Umstellung auf die neue Liturgie erfolgte deshalb langsamer und behutsamer. Keiner fühlte sich überfahren, die Menschen konnten hineinwachsen.

*Wird mit dem Motu proprio des Papstes nun die „alte Messe"
wieder verstärkt Einzug in die Kirchen finden?*

Flächendeckend sicherlich nicht. Wir hatten bereits von Johannes Paul II. die Möglichkeit, in unseren Bistümern Gläubigen, denen die „alte Messe" sehr am Herzen liegt, diese Form der Liturgie anzubieten. Ich habe dazu damals in meinem Bistum drei Kirchen vorgesehen: in Köln, Düsseldorf und Bonn. Seit dem Motu proprio von Benedikt XVI. ist in Wuppertal noch eine weitere Kirche hinzugekommen. Darüber hinaus können Priester, die von ihren Gläubigen um die Feier der Heiligen Eucharistie in der außerordentlichen Form gebeten werden, dies ohne Erlaubnis des Bischofs tun.

Ich denke aber, dass es in diesem Zusammenhang auch wichtig ist zu erkennen, dass der alte Ritus alleine noch keine würdig gefeierte Messe ausmacht. Auch da können die Texte und Gesten lieblos und schludrig absolviert werden. Die außerordentliche Form der Messe ist also nicht der Schlüssel, um eine fromm gefeierte Eucharistie zu erhalten. Sie kann und wird hoffentlich aber dafür sorgen, dass manche Fehlentwicklungen, die es in Zusammenhang mit dem ordentlichen Ritus gibt, wieder korrigiert werden. Ich höre mitunter, dass die Liturgie an manchen Orten eigenmächtig dermaßen verändert wird, dass sich manche Gläubigen zu Recht fragen, ob sie da überhaupt noch einer gültigen Messe beiwohnen. Ebenso kommt es vor, dass Priester, die an und für sich den Ritus korrekt zelebrieren, die Feier regelrecht zerreden. Es ist zu wenig Zeit für Sammlung und Stille. Da macht der Priester eine lange Begrüßung, die schon eine kleine Predigt für sich ist. Anschließend wird oft noch vor der Lesung und vor dem Evangelium eine Erklärung abgegeben, und dann kommt erst die richtige Predigt. Und am Schluss kommen noch die Ansagen, in denen der Priester oder ein Gemeindemitglied auch noch mal seine Meinung sagen darf. Da haben Sie zum Teil fünf Predigten in einem Gottesdienst.

Ich kann mich in Gottesdiensten manchmal richtig über den Priester ärgern, und ich kämpfe dann mit mir selber, weil ich mir sage: Konzentriere dich auf die Messe! Konzentriere dich auf das Gebet! Darauf kommt es an! Aber manchmal gelingt mir das nicht. Für mich wird es immer dann ärgerlich, wenn ich das Gefühl habe, dass die Messe schlampig zelebriert wird, dass die liturgischen Texte mehr heruntergeleiert denn gelesen werden und die heiligen Zeichen keine Rolle mehr spielen. Ich ärgere mich aber auch, wenn die Gemeinde oder der Priester sich selber feiern und das Gemeinschaftserlebnis eines Gottesdienstes in den Vordergrund rückt. Wenn die Messe keinen Opfercharakter mehr hat, sondern zu so etwas wie einem gemein-

samen Mahl wird. Der Gottesdienst wird zu einer netten Ver-
sammlung der Gemeinde. Man hört das Wort Gottes, dann
kommt eine gute, packende oder auch eine langweilige Predigt,
und das war's.

Für mich ist das Kreuzesopfer von Golgotha das Wesentliche,
in dem Christus leibhaftig bei uns ist und wir wie in einer Zeit-
maschine zum Letzten Abendmahl zurückversetzt werden. Das
ist für mich das Heilige, das Sakrale, das Zentrale der katho-
lischen Heiligen Messe. Sie kann deshalb auch gar nicht feierlich
genug zelebriert werden. Denn wenn es stimmt, dass Christus,
der Herr, anwesend ist, dann gebühren ihm die allerhöchsten
Würden. Wenn man daran allerdings nicht glaubt – oh, dann
verstehe ich, dass man auf die Form keinen Wert legt.

Wie auch immer: Es wäre sicher falsch, pauschal zu behaup-
ten, dass die Messe in allen Gemeinden gar nicht mehr richtig
gefeiert wird. Aber doch höre ich auch immer wieder von
Freunden und Bekannten, dass viele Priester den Sinn für die
Schönheit der Liturgie verloren haben. Woran liegt das?

Es liegt meines Erachtens daran, dass die „ars celebrandi", die
Kunst des Zelebrierens, mitunter abhandengekommen ist. Diese Kunst ist nicht erlernbar in dem Sinn, dass ich als Priester-
amts-Kandidat im Seminar und in den Vorlesungen über Litur-
giewissenschaft tüchtig mitschreibe. Die „ars celebrandi" ist ein
innerer Vorgang, der mir als Priester sagt, was und wie ich ze-
lebriere.

In manchen Sakristeien hängt noch ein Schildchen, das es
früher in vielen Sakristeien gab. Darauf steht: „sicut prima, sicut ultima, sicut unica" –„Feiere jetzt die Heilige Messe so, als
wäre es deine erste, deine letzte und deine einzige". Wenn ich
als Priester in diesem Bewusstsein die Heilige Messe feiere,
dann wird sie ohne Krampf wie von selbst auch äußerlich zu
einem Dankopfer.

Wird den Priestern von ihren Lehrern gar nicht mehr bewusst-gemacht, dass sie bei der Eucharistie das größte Mysterium der Menschheit feiern?

Bei der Weihe überreicht der Bischof dem Priester den Kelch und die Patene und sagt: „Nimm hin die Gaben des Volkes für die Feier des Opfers, bedenke, was du tust, ahme nach, was du vollziehst, und stelle dein Leben unter das Geheimnis des Kreuzes." Das sind die entscheidenden Sätze für den Priester. Er muss sich das immer wieder bewusstmachen. Nur so kann er auch die Gläubigen in dieses Mysterium mit hineinnehmen. Der Priester muss kein Schauspieler sein oder glänzender Rhetoriker, sondern innerlich ergriffen von dem, was er tut. Ohne Zweifel handelt es sich hier um ein hochsensibles Gebiet. Aber ich muss als Bischof darauf achten, dass den Gläubigen ein echter Zugang zu den Mysterien gewährt wird, deshalb muss ich „kreative Experimente" oder, genauso riskant, professionelle Routine kritisieren. Beides, das Experiment ebenso wie die Routine, trüben die Heiligkeit der Feier. Was mir persönlich zu einer schlichten „ars celebrandi" hilft, ist der Hinweis im Dritten Hochgebet zur Einleitung der heiligen Wandlung: „In der Nacht, da er verraten wurde, nahm er das Brot und sagte Dank, brach es, reichte es seinen Jüngern …" Wo von dieser höchsten Tat der Liebe Gottes die Rede ist, der Hingabe seines Sohnes, wird die gemeinste Tat des Menschen sichtbar: der Verrat. Also sollten wir als Priester präsent haben: „Bedenke, was du tust!"

Müssen Sie öfters eingreifen?

Immer seltener. Wenn ich eine Gemeinde besuche, teilt mir der jeweilige Pfarrer drei Wochen vorher mit, welche Lieder gesungen werden sollen und wie die Messe abläuft. Ich möchte einfach nicht in die Situation kommen, kurz vor dem Gottesdienst sagen zu müssen, dass ich mit etwas nicht einverstanden bin. Das ist für alle Beteiligten peinlich. Natürlich kann ich aber nicht ständig alle Gemeinden im Blick haben. Insofern bleibt mir die Erinnerung an meine Priester, die ich vorhin bereits beim Thema Gehorsam gegenüber dem Papst erwähnt habe: „Sie feiern nur dann authentisch die Eucharistie, wenn der Papst und der jeweilige Bischof dabei sein können."

Sehe ich es richtig, dass recht verstanden eigentlich gar nicht die Gemeinde für sich die Messe feiert?

Genau so ist es! In der Heiligen Eucharistie ist die Kirche aller Zeiten und aller Länder präsent und nicht nur die Gemeinde. Diese Gemeinde vor Ort braucht ihre Rückbindung an die Weltkirche, nur dann ist sie katholisch. „Katholisch" heißt ja übersetzt „das Ganze betreffend" oder „allumfassend". Die Eucharistie ist also nicht nur der Gottesdienst der Gemeinde, sondern zuerst der Gottesdienst der Kirche, der gefeiert wird. Deshalb kann sich auch kein Priester und keine Gemeinde eine eigene Liturgie zusammenstellen. Es ist nicht unsere Messe, die wir da feiern. Wir feiern auch nicht uns selbst. Gott steht im Mittelpunkt, und ihm alleine bringen wir in der Eucharistie uns mit Christus als Opfergabe dar. Wir alle – vom Papst über die Bischöfe bis hin zu den Priestern – müssen uns genau an die Ordnung der Kirche halten. Als Bischof muss ich deshalb immer wieder für die liturgische Bildung der Priester sorgen.

Ich bin der festen Überzeugung, dass die meisten Katholiken die zusammengebastelten Gottesdienste gar nicht wollen. Die Gläubigen kommen viel ergriffener aus der Messe, wenn der Priester sich an die liturgischen Vorschriften hält. Nicht umsonst strömen die Menschen doch an die Orte, an denen besonders feierliche Messen zelebriert werden. Manche lassen sonntags den Gottesdienst in ihrer Heimatgemeinde links liegen und fahren stattdessen kilometerweit in ein Kloster, um dort der Messe beizuwohnen.

Der Pfarrer unserer Kölner Wallfahrtskirche St. Maria in der Kupfergasse ist dafür ein Beispiel. Er zelebriert nach dem ordentlichen Ritus, aber unter anderem „versus crucem", das heißt, er schaut – wie die Gemeinde – in Richtung des Gekreuzigten. Das ist auch im ordentlichen Ritus möglich. Und was ist das Ergebnis? Die Gläubigen sagen immer, dass die Liturgie besonders schön ist, weil es keinen Wildwuchs gibt. Also auch im ordentlichen Ritus der Heiligen Messe sind viele Variationsmöglichkeiten gegeben. Sie müssen nur richtig praktiziert werden.

Aber wie gesagt: Letztlich kommt es immer darauf an, dass der Zelebrant ergriffen ist von dem, was er tut. Und das kann man nicht spielen. Es geht um die richtige Haltung. Das fängt in der Sakristei an. Wenn schon dort Tohuwabohu ist und der Priester mit den Ministranten schwätzt, überträgt sich diese Unruhe sofort in den Kirchenraum. Worauf ich zum Beispiel vor der Messe Wert lege, ist das gemeinsame Gebet.

Was beten Sie dann?

Ich bete zum Beispiel:

„Herr, jetzt stehen wir vor dem großen Geheimnis, dass du in unserer Mitte gegenwärtig wirst. Du wirst für unsere Augen und für unsere Hände berührbar in der Eucharistie, für unsere Ohren wirst du hörbar in deinem Wort. Schaffe jetzt den Raum der Stille in uns, dass du bei uns Platz findest, dass es nicht bei uns heißt wie im Evangelium: ‚Er kam in sein Eigentum, und die Seinigen nahmen ihn nicht auf.' Wir wollen dich aufnehmen. Lass uns jetzt einen Augenblick schweigen, bis die Heilige Messe beginnt, und hilf uns, dass wir wirklich auch die Vorbeter für die Gemeinde, für das Volk Gottes sind."

Dann geht man in dieser Sammlung an den Altar. Die Menschen spüren, mit welcher Haltung der Priester und die Ministranten die Kirche betreten. Sie spüren die Kraft der Liturgie. Wenn sie ehrfurchtsvoll gefeiert wird, ist sie die stärkste missionarische Kraft, die wir haben.

Auf dem Weltjugendtag in Köln habe ich gesehen, mit welcher Freude junge Menschen den Glauben leben und gemeinsam Messe feiern. Haben Sie auch das Gefühl, dass es in der nächsten Generation wieder das Bedürfnis gibt, die Wurzeln des katholischen Glaubens neu zu entdecken?

Ja, das spürt man überall. Bei uns haben Studenten ein sogenanntes Nightfever organisiert, eine Anbetungsnacht für Jugendliche. Sie wird seit 2005 in der Minoritenkirche in Bonn und seit 2006 auch im Kölner Dom gefeiert. Nach der Heiligen Messe wird das Allerheiligste ausgesetzt. Die Jugendlichen zünden kleine Teelichter an, es entsteht ein ganzes Lichtermeer. Sie knien dann nieder und beten und singen bis Mitternacht. Sie gehen auch nach draußen zu den Menschen, schenken den Vorübergehenden eine Kerze und laden sie ein, in die Kirche zu kommen Die Jugendlichen gehen auch verstärkt wieder zur Beichte. Während des Nightfever stehen zahlreiche Priester zum Beichtgespräch zur Verfügung, die auch regen Zulauf haben. Es gibt auch einige Nischen, wo Jugendliche zum Gespräch zur Verfügung stehen. Die nächste Generation geht also mit frischem Elan an ihren Glauben. Sie lebt ihn selbstbewusst und – was mich besonders freut –: Sie entdeckt die Sakramente und das Gebet für sich neu.

„Christus nimmt mich mit zum Vater"

FÜRSTIN GLORIA: *Sie haben Ihren Vater sehr früh verloren. Haben Sie seinen Tod bewusst miterlebt?*

KARDINAL MEISNER: Nein, mein Vater ist leider im Krieg geblieben. Er kam wie so viele Väter damals einfach nicht mehr nach Hause.

Welche Erinnerungen haben Sie an ihn?

Eigentlich kaum welche. Ich war erst sechs Jahre alt, als er in den Krieg ging. Ich kann mich aber noch erinnern, wie nach dem Krieg die Männer nach Hause kamen. Wie sich die Leute gefreut haben! Unsere Mutter hat dann immer geweint, weil sie vergeblich auf ihren Mann wartete. Da haben mein älterer Bruder und ich uns in die Pflicht genommen gefühlt, den Vater zu ersetzen, gerade unseren zwei jüngeren Brüdern gegenüber. Ich war elf Jahre, als wir aus Schlesien nach Thüringen kamen. Im Grunde genommen hat von diesem Zeitpunkt an meine Kindheit aufgehört. In den sechs Wochen Sommerferien haben wir von früh bis abends in der Landwirtschaft gearbeitet. Ähren gelesen, Kartoffeln und Rüben geerntet, Sirup gekocht, im Wald Holz gesammelt. Wir waren also vollauf mit der Existenzsicherung beschäftigt. Da blieb auch gar nicht so viel Zeit, über den Verlust des Vaters nachzudenken.

Kam das dann später noch?

Ja, allerdings erst sehr viel später. Besonders nahe ist mir das wieder geworden, als ich meine Neffen und Nichten im Alter von 15, 16, 17 Jahren mit ihren Vätern zusammen sah. Da wurde mir bewusst: Das hast du als Kind und Jugendlicher nie erleben dürfen. Ich muss Ihnen auch ehrlich sagen, dass es mir sehr schwerfällt, zu Gott dem Vater zu beten. Da fehlt mir die Analogie. Ich habe drei Brüder, und das ist wahrscheinlich der Grund, weshalb ich immer zu Christus, meinem Bruder, bete. Und er muss mich dann im Gebet mit zu seinem Vater nehmen.

Das ist interessant. Es gibt Ihrer Ansicht nach so etwas wie eine Verbindung zwischen dem eigenen Vater und Gott, den wir als Vater ansprechen?

Da bin ich ganz sicher! Ich habe mir darüber während meiner Zeit als Kaplan in Thüringen viele Gedanken gemacht. Nie wieder habe ich in meinem Leben so viele Männer bekehrt wie im Erstkommunion-Unterricht in Heiligenstadt. Da ließ ich die Kinder auf Zettel schreiben, wie sie sich den Lieben Gott vorstellen. Einige Kinder schrieben: „Der Liebe Gott betrinkt sich nicht." Oder: „Der Liebe Gott kommt abends nicht so spät nach Hause." Einer schrieb sogar: „Der Liebe Gott sagt nicht zu meiner Mutti: ‚Du bist verrückt.'" Die Kinder haben also ihr Vaterbild genommen, darin das Negative entfernt und dann das positiv auf Gott hin gesteigert. Gott, unser himmlischer Vater, kann die negativen Eigenschaften, die manche Kinder bei ihren Vätern erfahren mussten, nicht besitzen. Das nennt die Theologie „Analogia entis", also eine „Vergleichbarkeit des Seins".

Wenn dann Elternabend war, habe ich immer eine Gelegenheit gesucht, um mit den Männern ein wenig alleine zu sein. Ich habe ihnen dann die Gottesbilder ihrer Kinder ausgehändigt. Da war manch einer richtig schockiert, dass er selbst das Bild Gottes für seine Kinder abgibt. Aber so ist es. Einige hat das nachhaltig beeindruckt. Sie haben dadurch wieder Zugang zum Glauben gefunden.

Hat Ihre Mutter später nicht wieder geheiratet? Sie war doch noch recht jung, als ihr Mann starb.

Sie wollte es nicht. Meine Mutter war liebenswert, lebenstüchtig und bildhübsch. Auch mit vier Söhnen hätte sie eine neue Partnerschaft eingehen könne, Möglichkeiten hätte sie gehabt. Es gab auch konkrete Angebote: Als einer unserer Bekannten verwitwet wurde, wollte er unsere Mutter heiraten. Aber sie hat immer gesagt: „Ich weiß, dass ich rechtlich frei bin. Aber für mich gilt die Ehe über den Tod hinaus." Wir haben auch die Silberne und die Goldene Hochzeit unserer Eltern gefeiert, als wäre der Vater noch da gewesen. Meine Mutter war wirklich eine großartige Frau.

Das ist in der Tat beeindruckend. Wie alt ist Ihre Mutter geworden?

Sie wurde 85 Jahre alt.

Dann hat sie ja die wesentlichen Stationen Ihres Lebens alle miterlebt. Das liegt natürlich auch daran, dass Sie so früh Bischof und Kardinal geworden sind. So viele Mütter gibt es wahrscheinlich nicht, die einen Kardinal als Sohn haben …?

Sie war 1983 beim Konsistorium in Rom dabei, wo ich mit anderen Bischöfen zum Kardinal kreiert wurde. Dabei erhielten wir aus der Hand von Papst Johannes Paul II. das rote Kardinalsbirett und den Kardinalsring. Als meine Mutter 1993 starb, stand auch die Frage an, wer den Sarg tragen sollte. Aber es war ganz klar: „Sargträger brauchen wir nicht, wir Meisner-Jungs tragen unsere Mutter selbst zu Grabe." Als wir gemeinsam den Sarg unserer toten Mutter trugen, gaben wir Brüder uns ein Versprechen: „Wir versprechen unserer Mutter, dass wir immer so zusammenhalten, als wäre sie noch da." Und das machen wir auch.

Unsere Familie trifft sich jedes Jahr im November zur Seelenmesse, bei der an die verstorbenen Mitglieder unserer Familien gedacht wird. Außerdem lade ich einen großen Teil der Familie jedes Jahr zu den Schlossfestspielen ein. So ist gewährleistet, dass wir uns auch unterjährig sehen können und nicht nur bei Beerdigungen. Nun hab ich das Glück, ein großes Haus zu haben, und ich finde, das verpflichtet auch, Familienmitglieder einzuladen und sie so an diesem schönen Haus teilhaben zu lassen. Treffen Sie Ihre Geschwister regelmäßig?

Wir treffen uns zweimal im Jahr. Meine Brüder haben zusammen zehn Kinder, und die haben wiederum auch jeder drei, vier Kinder. Wir sind also über 70 Leute. Und regelmäßig kommt mindestens ein neuer Meisner im Jahr dazu. Vor ein paar Jahren haben wir eine Paula und einen Paul bekommen. Es ist immer was los bei uns, und unsere Mutter ist immer präsent.

Ihre ganze Familie lebt in Thüringen. Werden Sie einmal dorthin zurückgehen?

Nein. Eine alte Tante sagte immer: „Wo mein Fleisch geblieben ist, sollen auch meine Knochen bleiben." Auf der letzten Etappe möchte ich bei denen leben, bei denen ich gearbeitet, mit denen ich gelebt und die ich geliebt habe. Über meine Zukunft mache ich mir keine Sorgen. Ich weiß noch gar nicht, wie lange ich noch Erzbischof von Köln bleibe. Ich werde sehen, was Gott und der Heilige Vater mit mir vorhaben. Ich bin für alles offen.

„Eine Familie ist nur gesund, wenn die Ehe gesund ist"

Kardinal Meisner: Wie meine Mutter haben auch Sie nach dem Tod Ihres Mannes nicht wieder geheiratet, Fürstin. Warum eigentlich nicht?

Fürstin Gloria: *Weil ich in meiner damaligen Position als Verantwortliche von Thurn und Taxis doch sehr an Regensburg und meine Kinder gebunden war. Da hätte nur ein „Prinzgemahl", der sich mir weitgehend anpasst, in meinem Leben Platz gehabt. Aber ein Prinzgemahl wäre nix für mich. Heute sind meine Kinder groß, und ich könnte ohne Weiteres weg, aber einen Mann kann man sich ja nicht malen. Ich zehre auch immer noch von den schönen Jahren mit meinem Johannes.*

Wie lange haben Sie in der Ehe gelebt?

Zehn Jahre.

Sie sind also relativ früh Witwe geworden. Haben Ihre Kinder wache Erinnerungen an ihren Vater?

Vor allem meine Töchter Maria Theresia und Elisabeth haben sehr lebhafte Erinnerungen an ihn. Albert war erst acht, als mein Mann starb. Ihm fehlte also schon auch der Vater. Ich habe Gott sei Dank in der Familie genug junge Männer gefunden, die die Vaterfigur, wenn auch nicht ganz, aber immerhin etwas, ersetzen konnten.

Ich habe Ihren Sohn damals beim Begräbnisgottesdienst für Ihren Mann im Fernsehen gesehen, als er eine Fürbitte vorlas.

Mittlerweile ist er ja ein hochgewachsener junger Mann. Spielt für ihn Familiengründung schon eine Rolle?

Nicht konkret. Aber ich spreche mit meinem Sohn und meinen Töchtern schon darüber, wie der ideale Ehepartner aussehen könnte. Aber den Mann oder die Frau fürs Leben kann man sich nun mal nicht malen. Ich versuche, Albert, Maria und Elisabeth immer wieder klar zu machen, dass die Ehe ein sehr schwieriges Unterfangen ist. Damit will ich gar nicht irgendwelche romantischen Ideale zerstören, die muss man sich als junger Mensch auch bewahren. Aber sie sollten schon wissen, dass es in einer Ehe wirkliche Tiefen gibt, die man dann auch durchstehen muss. Sind die Ideale zu groß, ist die Gefahr des Scheiterns umso größer.

Letztlich sage ich immer: „Sucht euch einen Ehepartner, mit dem ihr in den wesentlichen Kernfragen des Lebens einig seid." Das ist meiner Ansicht nach sehr wichtig. Wenn man bei grundsätzlichen Dingen unterschiedlicher Auffassung ist, wird die Liebe das in der Anfangsphase vielleicht noch überdecken. Aber über kurz oder lang wird es krachen. Insofern glaube ich, dass es wichtig ist, in Fragen von Glaube und Religion ähnliche Auffassungen zu haben. Wichtig ist natürlich auch, dass der Partner geduldig, liebevoll und großmütig ist, kurz: einen guten Charakter hat. Was noch? Ach ja, er sollte brillant aussehen, tüchtig sein und lieb mit seiner Schwiegermutter umgehen. Also – es sieht doch ganz danach aus, dass wir ihn uns malen müssen, den idealen Ehepartner ...

Spaß beiseite. Ich spreche mit meinen Kindern sehr viel über diese Themen. Wir diskutieren auch sehr kontrovers, weil ich natürlich immer versuche, die Position der Kirche zu erklären, die für junge Leute nicht immer ganz einsichtig ist ...

Ja, wo viele Menschen das Gefühl haben, dass sie die Ehe- und Sexualmoral mit ihrem Leben in der heutigen Welt überhaupt nicht mehr vereinbaren können, da unterstellen sie der Kirche schnell Leibfeindlichkeit. Dieses Urteil hat mittlerweile schon Tradition. Aber die Kirche verkündet einen Gott, der Fleisch geworden ist. Christus ist die „fleischgewordene" Liebe Gottes. Und deshalb lebt die Kirche aus der Liebe! Sie möchte helfen, Liebe zu leben, und nicht, sie nur für einen Augenblick zu konsumieren.

Auch das. Es ist wirklich schwer zu erklären, warum eine Ehe unauflöslich ist. Die gesellschaftliche Realität ist eine ganz andere: Mittlerweile wird fast jede dritte Ehe geschieden, viele bereits nach drei oder vier Jahren. Andererseits wünschen sich Umfragen zufolge junge Leute nichts sehnlicher als einen treuen Partner. Was ist Ihrer Ansicht nach der tiefere Grund dafür? Überlegen sich die Menschen nicht mehr, ob sie wirklich zusammenpassen, bevor sie sich das Ja-Wort geben? Oder sind viele nicht bereit, einfach auch schwierige Jahre in einer Ehe gemeinsam durchzustehen?

Mir liegt das Thema Ehe sehr am Herzen, deshalb möchte ich zunächst etwas ganz Grundsätzliches sagen: Wir Christen sind davon überzeugt, dass die Ehe die Grundlage der Familie ist. Und wenn die Familie gelingen soll und gedeihen will, muss die Ehe gesund sein. Eine langweilige Ehe hat oft auch eine sterbende Familie zur Folge. Darum sage ich immer, dass sich Eheleute auch Zeit für sich nehmen müssen. Sie müssen miteinander reden, und sie sollten auch miteinander beten. Eheliche Liebe will kultiviert werden. Oft wird es in einer Ehe problematisch, wenn die Eltern nur in ihren Kindern aufgehen. Verlassen Söhne und Töchter dann irgendwann das Haus, ist die Gefahr für eine Krise besonders groß. Kinder bereichern eine Ehe, sie sind deren Frucht, aber die Eheleute müssen darauf achten, dass die Grundlage heil bleibt. Es ist tragisch, wenn Eheleute nach 25 Jahren noch auseinandergehen.

Andererseits fragen sich viele: Was ist denn daran so schlimm, sich zu trennen? Es ist doch besser, auseinanderzugehen, als wenn man sich ständig Teller hinterherwirft und Türen knallt. Vielleicht können Sie mir den besonderen Wert, den die Ehe für die Kirche hat, genauer erklären.

Es gibt in der unierten Tradition, also in den mit Rom verbundenen Ostkirchen, eine Ikone, die für mich beim Thema Ehe immer wie eine Offenbarung ist. Diese Ikone hat zwei Dimensionen: eine vertikale und eine horizontale. Die Vertikale zeigt oben am Bildrand Gottvater, darunter die Geist-Taube und ganz unten Jesus Christus als Knaben. Auf dieser vertikalen Linie steht geschrieben: „sanctissima trinitas increata" – „die ungeschaffene heiligste Dreifaltigkeit". Auf der Horizontalen stehen neben dem Jesusknaben rechts Maria und links Josef, so dass Jesus, Maria und Josef nebeneinander zu sehen sind. Darunter steht: „sanctissima trinitas creata" – „die geschaffene heiligste Dreifaltigkeit". Der dreieinige Gott in Vater, Sohn und Heiligem Geist und die Heilige Familie mit Jesus, Maria und Josef sind also aufs Engste miteinander verknüpft. Die Familie wird damit zum stärksten irdischen Abbild der Dreifaltigkeit.

Die Ehemoral der Kirche sollte man in diesem großen Rahmen sehen. Für Christen spiegelt sich in Ehe und Familie die Trinität wider. Und die Weitergabe des Lebens durch die Eheleute ist ein Mitwirken an der Schöpfung Gottes. Was kann man Größeres über das Tun eines Menschen sagen? Darum ist die Ehe für uns heilig. Darüber hinaus hat sie ganz selbstverständliche soziale Dimensionen: Sie ist, das dürfen wir nicht vergessen, der natürliche Lebensraum eines Kindes und damit die Zukunft eines Volkes. Die Ehe hat eine nicht zu überschätzende Bedeutung für die Gesellschaft und für die Kirche. Früher dagegen wurde eine Abstufung unternommen zwischen dem zölibatären Mönch, der Nonne, dem Priester und den anderen Christen, die in Ehe und Familie leben.

Also im Sinne eines heiligen und eines weniger heiligen Lebensstils?

Ja, das kam aus einer falschen Exegese heraus. Daran sehen Sie, wie eine Bibelauslegung auch eine ganze kirchengeschichtliche Epoche prägen kann.

Auf welche Bibelstelle hat man sich da berufen?

Der Evangelist Matthäus berichtet über einen reichen Mann, der zu Jesus kommt und fragt: „Was muss ich Gutes tun, um das ewige Leben zu gewinnen?" Jesus antwortet: „Halte die Gebote!" Als der Jüngling entgegnet, das habe er alles schon getan, und fragt, was nun noch fehle, sagt Jesus: „Wenn du vollkommen sein willst, geh, verkauf deinen Besitz und gib das Geld den Armen; so wirst du einen bleibenden Schatz im Himmel haben; dann komm und folge mir nach." Daraus hat man geschlossen: Der vollkommene Weg zu Gott sei namentlich der Ordensstand in Ehelosigkeit, Armut und Gehorsam und auch im gewissen Sinn das zölibatäre Priestertum; wer aber zu Hause bleibt und Familie hat, sei „zweiter Klasse" unterwegs. Das ist zu kurz und eng gedacht. In der Bibelstelle bezieht sich Jesus auf einen konkreten Menschen und zeigt ihm *seinen* Weg der Nachfolge. Aber für den nächsten kann der Weg schon wieder anders aussehen. Wichtig ist, dass Jesus jedem Einzelnen ganz konkret seinen persönlichen Weg zeigt. Das sagt diese Bibelstelle.

Also: „Wenn DU vollkommen sein willst ...“ Er qualifiziert also nicht und sagt: Der Mönch ist mehr wert als der Ehemann oder umgekehrt.

Genau. Denn jeder Mensch hat eine eigene, individuelle Berufung. Jesus sagt also, wenn „du" junger Mann, jetzt vor mir stehend, vollkommen sein willst, dann ... Das ist für mich immer das Geheimnis: dass Gott gerade junge Menschen vor ihre grundlegende Lebensentscheidung stellt, wo sie doch gerade in einem Alter sind, in dem sie oft geschüttelt werden von ihren Leidenschaften und Neigungen. Ehe oder Priestertum – das sind Entscheidungen bis in die Ewigkeit. Aber wahrscheinlich sind auch nur junge Leute so wagemutig, sich so radikal zu entscheiden. Wenn sie älter werden, fangen sie oft an, ihr Geld nachzurechnen und zu fragen: Reicht es überhaupt? Passt das jetzt in meine Planung?

Der „Stand der Vollkommenheit", von dem man früher so gerne sprach, ist daher für jeden einzelnen Menschen immer genau der, zu dem Gott ihn jeweils ganz persönlich beruft. Das kann das Ordensleben, das Priestertum oder die Ehe sein. Wichtig ist nur, die Berufung zu entdecken. Dann kann man in jedem Stand vollkommen werden, wie Christus es will. Es gibt also keinen Stand der Vollkommenheit und der Unvollkommenheit in der Kirche, sondern nur ein Stehen vor Christus, der uns einlädt, vollkommen zu sein.

„Redet miteinander – und schaut euch an"

FÜRSTIN GLORIA: *Wie vermitteln Sie einem jungen Paar, das zu Ihnen zum Traugespräch kommt, den Wert der Ehe?*

KARDINAL MEISNER: Lassen Sie mich mit einem Erlebnis antworten, das ich aus zwei Gründen besonders in Erinnerung habe: Recht früh in meiner Zeit als Kaplan begleitete ich ein Paar auf seinem Weg zum Traualtar. Das war in den 60er Jahren. Der junge Bräutigam sagte zu mir: „Halten Sie eine wirklich gute Ansprache! Es wird viel Besuch aus dem Westen kommen und der soll sehen, dass wir trotz DDR noch richtig katholisch sind." Ich schlug ihm Folgendes für die Predigt vor: Mit seiner Heirat sei er ein richtiger „Verzichtsapostel", weil er für den Rest seines Lebens auf alle anderen schönen jungen Frauen zugunsten der einen neben sich verzichtet. Doch er hat sofort widersprochen und gesagt: „Herr Kaplan, Sie verstehen nichts von der Liebe. Ich ziehe meine Verlobte allen anderen möglichen Partnerinnen vor! Ehe ist also eine Bevorzugung und nicht ein Verzicht!"

Da habe ich mich bei ihm bedankt. Denn er hat mir damit auch die richtige Begründung für den Zölibat gegeben. Auch er ist in erster Linie nicht Verzicht, sondern eine Bevorzugung. Ich ziehe Jesus Christus allen anderen möglichen Partnerschaften vor. Aus dauernden Verzichten kann man nicht leben – und wir sollen und müssen es auch nicht. Gott liebt uns; das ist die Fülle schlechthin. In einem Verhältnis auf du und du – ob in Ehe oder im priesterlichen Zölibat – können wir Liebe in Fülle erfahren.

Sie sprachen noch von einem zweiten Grund, weshalb dieses Paar interessant war.

Per Zufall schaute ich ein Dreivierteljahr nach der Trauung bei dem Paar vorbei. Ich merkte sofort, dass etwas nicht stimmte. Er hat zuerst abgewiegelt, sie sagte dann aber: „Nein, Herr Kaplan, Sie haben schon recht, bei uns stimmt was nicht. Er musste sich sehr anstrengen, um mich zu erobern. Das waren selige Zeiten. Wir haben uns angeschaut und sind gar nicht satt aneinander geworden. Was haben wir miteinander geredet, die Abende waren immer zu kurz, um all das zu besprechen, was wir auf der Seele hatten. Und seit der Hochzeit ruht mein Mann sich von diesen Anstrengungen aus. Ich fühle mich eigentlich wie eine Witwe. Ziehe ich mir etwas Schönes an, nimmt er es gar nicht mehr zur Kenntnis. Will ich mit ihm etwas besprechen, verschiebt er es permanent auf morgen.“

Die berühmte Ehe-Routine war eingekehrt.

Ja, und was ich dem Paar damals gesagt habe, sage ich auch jungen Menschen, die heute zu mir kommen: „Wenn ihr nicht mehr miteinander redet, habt ihr euch eines Tages nichts mehr zu sagen. Ihr werdet einander fremd, und dann geht ihr in die Fremde. Dann geht einer davon. Und wenn ihr euch nicht mehr anschaut, verliert ihr euch aus den Augen.“ Ich sage das nicht als einer, der davon keine Ahnung hat. Das ist in meinem priesterlichen Leben mit Gott genauso: Wenn ich mit Gott nicht mehr spreche, wenn ich nicht mehr bete, wird mir Gott fremd – und dann kann man seine Berufung verlieren. Jede Priesterkatastrophe beginnt damit, dass der Priester nicht mehr betet. Darum sage ich Eheleuten: „Um Gottes willen, redet miteinander und schaut euch an!“, und dasselbe sage ich den Priestern: „Sprecht mit Gott und betrachtet ihn.“

In meiner Ehe wurde es immer dann schwierig, wenn ich meinem Mann nicht die nötige Aufmerksamkeit geschenkt habe.

Das kam schon mal vor, weil ich meinen eigenen Interessen nachgehen wollte. Aber als ich dann merkte, dass er bockig wurde, habe ich mich ihm zugewandt, und dann ging es wieder gut. Wir haben uns sehr geliebt und deshalb auch immer miteinander gesprochen. Nicht zu reden, hätten wir nie durchgehalten.

Was unterscheidet eine Ehe im Haus Thurn und Taxis von einer „normalen" Ehe in einem bürgerlichen Haus?

Das ist für mich schwer zu beurteilen, weil ich nicht wirklich weiß, wie eine „bürgerliche Ehe" aussieht. Auch wenn meine Eltern ja mit uns früher durchaus „bürgerlich" in einem kleinen Häuschen gelebt haben, waren beide doch „Signori", wie man in Italien sagen würde.

Ich habe aber auch während meiner Ehe nicht von einem „normalen" Leben geträumt. Das hat mich nie interessiert. Ich war immer vom Außergewöhnlichen angezogen. Das Abenteuer, auch die Ungewissheit, das fand ich spannend.

Dennoch stelle ich es mir nicht einfach vor, als junge Frau aus eher bescheidenen finanziellen Verhältnissen in ein so reiches Fürstenhaus zu kommen. Da fällt einem unwillkürlich der Begriff „Goldener Käfig" ein. Haben Sie nie das Bedürfnis gehabt, einfach wegzulaufen?

Doch, weglaufen wollte ich oft, besonders wenn ich mich ungerecht behandelt fühlte. Es hat mir wehgetan, wenn mein Mann nur an sich und seine Bedürfnisse gedacht hat. Aber er ging eben davon aus, dass ich mich nach ihm zu richten habe. Er war der Ältere, er war der Versorger, außerdem war er ein alter Junggeselle und hatte nie gelernt, Rücksicht zu nehmen. Das war sozusagen mein Part. In meiner Ehe habe ich Rück-

sichtnahme *von der Pike auf gelernt, das hat mir später ge-*
nützt.

Ich kann mich erinnern, dass ich Sie in Illustrierten mit verschiedenen Frisuren und Kostümen gesehen habe. War das auch ein Ausbrechen aus der Konvention, ein Opponieren gegen die Gesellschaft, in der Sie sich bewegt haben?

Na ja, nicht wirklich, denn die Gesellschaft, in der wir uns aufgehalten haben, war nicht gerade wegen ihrer Seriosität bekannt. Der internationale Jetset langweilte mich. Deshalb war es für mich eher eine gelungene Abwechslung, mich zu verkleiden und mir lustige Frisuren zu bauen oder bauen zu lassen. Meinem Mann war das manchmal auch etwas peinlich, je nachdem, wie verrückt ich ausgesehen habe. Aber meistens hat er es mit Humor getragen. Das gehört ja auch zu einer guten Ehe: die Macken des anderen mit Humor zu nehmen und nicht die ganze Zeit zu versuchen, jemanden zu ändern.

„Wir haben Anteil an der Treue Gottes zur Welt"

FÜRSTIN GLORIA: *Glauben Sie, dass die Ehe heute schwieriger geworden ist als früher, oder ist es einfach so, dass es früher schwieriger war, sich zu trennen?*

KARDINAL MEISNER: Ich werde manchmal gefragt, ob die Seelsorge in Ost-Berlin leichter gewesen sei als in West-Berlin. In der Diaspora der DDR habe es doch sicher die besseren Katholiken gegeben als in der Bundesrepublik. Ich antworte immer:

„Ob sie besser sind oder schlechter, weiß ich nicht. Aber vielleicht hatten sie im Osten weniger Gelegenheiten zum Sündigen. Damit ist man aber noch nicht besser oder schlechter."

Auf Ihre Frage übertragen, bedeutet das: Wahrscheinlich ist es heute leichter auseinanderzugehen als früher. Das hat verschiedene Gründe. Zum einen mögen die meisten Eheleute heute ökonomisch nicht voneinander abhängig sein. Ökonomische Abhängigkeit ist zugegebenermaßen nicht gerade das edelste Motiv, das Ehepaare zusammenhält, aber es spielte früher wahrscheinlich eine größere Rolle als heute. Eine weitere Ursache ist sicher darin zu sehen, dass viele ihre Partnerschaft romantisch überladen, als müsste alles immer himmelhoch jauchzend sein. Der Partner ist ein Mensch und hat seine Grenzen. Wenn diese Tatsache dann erst im Laufe des Zusammenlebens zum Bewusstsein kommt, hat das nicht selten böse Folgen. Dann kommt hinzu, dass die Menschen allein schon durch die Massenmedien viel mehr Anfechtungen ausgesetzt sind als früher.

Schauen Sie, ich will die frühere Zeit nicht verklären. Das wäre zu einfach. Hingegen muss ich schon sagen, dass früher die Lage übersichtlicher war. Ich will ein Beispiel nennen. Meine erste gesehene Fernsehsendung war die Papstkrönung von Johannes XXIII. im Jahre 1958! Da bin ich zu einer anderen Familie gegangen, wir hatten gar kein eigenes Gerät. Heute müssen junge Menschen sich erst mal einen klaren Blick durch all die Ablenkungen hindurch verschaffen. Eltern und Lehrer sind heute nicht mehr überall die entscheidenden Einflüsse bei der Erziehung. Das Fernsehen und die ganze Umwelt erziehen die Kinder und Jugendlichen mit. Durch die Medien kann man manchmal den Eindruck gewinnen, dass das Extrem und die Ausnahmesituation das Normale sind. In der Welt des Fernsehens ist Ehebruch doch das Selbstverständlichste der Welt! Die Vermittlung von Werten ist deshalb heute für Eltern, Priester und Lehrer viel schwieriger geworden als früher.

Dennoch wird es auch trotz aller guten Absichten immer Ehen geben, die scheitern. Die Kirche hält aber trotzdem strikt an der Unauflöslichkeit der Ehe fest. Was ist der tiefere Grund dafür?

Die Ehe ist ein Sakrament, weil sie eine Stiftung Christi ist. Der Kirche wird oft angelastet, sie wäre da weltfremd. Aber die Kirche hat über die Ehe gar keine Verfügungsgewalt. Sie ist bloß eine Art Treuhänder.

Gibt es dafür auch eine biblische und theologische Begründung?

Es gibt natürlich zuallererst den Ausspruch Jesu im Matthäus-Evangelium: „Habt ihr nicht gelesen, dass der Schöpfer die Menschen am Anfang als Mann und Frau geschaffen hat und dass er gesagt hat: ‚Darum wird der Mann Vater und Mutter verlassen und sich an seine Frau binden, und die zwei werden ein Fleisch sein?‘ Sie sind also nicht mehr zwei, sondern eins. Was aber Gott verbunden hat, das darf der Mensch nicht trennen.“

Ich schaue aber auch gerne auf den Apostel Paulus. Er sagt im Brief an die Epheser über die Ehe: „Dies ist ein tiefes Geheimnis (sacramentum); ich beziehe es auf Christus und die Kirche.“ Der Bund Christi mit seiner Kirche ist unauflösbar. Er ist das Urbild für eine Ehe zwischen Mann und Frau. Die Kirche hält daran aus gutem Grund fest. Sie steht deshalb schon seit Jahrhunderten in der Kritik, und nicht, wie viele meinen, erst seit 30 oder 40 Jahren, als sich die Krise der Ehe ohne Zweifel weiter verschärft hat. Vergessen Sie nicht, dass die Kirche dadurch ganze Länder verloren hat! Denken Sie nur an Heinrich VIII. ...

... den englischen König, der sechsmal verheiratet war und sich dabei von Rom losgesagt hat.

Ja, aus diesem Konflikt entstand im 16. Jahrhundert die anglikanische Kirche. Und noch ein zweiter Punkt: Natürlich muss jungen Leuten klar sein, um was es geht, wenn sie heiraten. Sie haben mit der Ehe Anteil an der Treue Gottes zur Welt. Sie würden Gott Lügen strafen, wenn sie diesen Bund vor ihm eingehen und ihn nicht wirklich ernst nähmen. Wenn sie ihn aber ernst nehmen, erhalten sie auch die Gnade, zusammenhalten zu können.

Andererseits gibt es wirklich auch Ehen, die für einen oder beide Partner unerträglich werden können. Für sehr viele Gläubige ist es deshalb unverständlich, dass die Kirche so eisern auf dem Ehesakrament beharrt – mit allen Konsequenzen: Wer sich scheiden lässt und eine neue Partnerschaft eingeht, wird nicht mehr zur Kommunion zugelassen. Sieht die Kirche nicht, dass Ehen zur Hölle werden können?

Natürlich gibt es solche Fälle. Die Kirche prüft deswegen bei Scheidungen von katholisch Verheirateten auf Wunsch hin, ob die Ehe wirklich zustande gekommen ist. Denn eine Ehe setzt Bedingungen voraus, die zur Gültigkeit gehören. Das fängt mit dem Ja-Wort zur Unauflöslichkeit an. Wenn einer der Partner verschweigt, dass er schon einmal gültig verheiratet war, ist die Ehe natürlich von Anfang an null und nichtig. Solche Fälle gibt es. Ungültig kann eine Ehe unter Umständen auch sein, wenn der Mann oder die Frau verkündet, er oder sie habe von Anfang an gar keine Kinder haben wollen. Eine gültige Ehe kann die Kirche aber nicht auflösen.

Und es gibt noch die Möglichkeit der sogenannten „Trennung von Tisch und Bett", wenn eine Ehe zur Hölle wird.

Aber auch dann ist eine neue Partnerschaft zu Lebzeiten des anderen Partners nicht mehr möglich.

Gerade bei dieser Frage habe ich größte Schwierigkeiten, das meinen Kindern zu vermitteln. Nehmen wir ein Beispiel, das ich in meiner Familie erlebt habe: Ein junges Ehepaar bekommt gemeinsam drei Kinder. Plötzlich verliebt sich der Mann neu und verlässt seine 28 Jahre alte Frau und die Familie. Die Frau ist völlig unschuldig am Verlust des Mannes. Und nun kommt ein neuer Mann in ihr Leben, der ein guter Ehemann und ein liebevoller Vater für die Kinder sein könnte. Wie erklären Sie dieser armen Frau, dass sie nach kirchlichem Recht nicht mehr heiraten darf? Ich sage dann manchmal: Jeder Mensch muss ein Kreuz tragen. Andere haben Kinder, die im Rollstuhl sitzen oder geistig behindert sind. Ich weiß aber, dass das nur schwer einsichtig ist ...

Ihr Argument ist in diesem Zusammenhang für die besagte Frau wohl wenig einsichtig. Ich habe auf dem Katholikentag 1984 in München in einer Predigt einmal vom „Kreuz der Treue" gesprochen. Das ist in diesem Zusammenhang eine wichtige Frage!

Wir sind heute in der Gesellschaft auf eine sehr ungute Weise besessen von der Vollkommenheit. Viele Menschen stellen an die Ehe oft überzogene Ansprüche. Alles soll perfekt sein. Ewige Romantik und ewige Verliebtheit. Die Menschen wollen den Himmel auf Erden! Das ist viel! Wer soll denn dem gerecht werden?

Indem wir die ewige Seligkeit verzeitlicht, säkularisiert haben, ist das große Heilsgut nicht mehr die ewige Seligkeit, sondern das zeitliche Wohlbefinden. Nehmen wir die Gesundheit, das ist ein gutes Beispiel, und es betrifft wirklich alle. Bei Geburtstagen wird immer gewünscht: Hauptsache, gesund! Natürlich: Das ist ein sehr, sehr hohes Gut. Aber es ist nicht das höchste Gut. Heute hat das ganze Gesundheitswesen fast den Rang einer Kirche angenommen, und die Ärzte sind eigentlich die modernen Priester, die dem Leben dienen. Und beobachten Sie, mit welcher Hingabe sich die Menschen trimmen, wie diszipliniert und manchmal gar verkrampft sie Fitness betreiben. Das ist die moderne Askese. Der Mensch sucht seine Erlösung im gesunden Körper. Gesundheit ist aber nicht das letzte Heil. Das Kreuz schaffen wir durch all diese Anstrengungen nicht aus der Welt. Wir müssen uns dem stellen. Alle, irgendwann.

Darum ist es wirklich heroisch, wenn jene schwergeprüfte Frau ihre drei Kinder mit Gottes Gnade allein großzieht. Die Ungerechtigkeit in dieser Situation rührt nicht aus dem Ehesakrament her, sondern die Verantwortung dafür liegt beim Ehemann. Mancher Weg kann durch die Schuld anderer sehr steinig werden, ein echter Kreuzweg. Keine Familie, auch meine nicht, besteht aus Heiligen.

Das heißt, es gibt auch in Ihrer Verwandtschaft gescheiterte Ehen?

Ich habe einen nahen Verwandten, dessen Ehe kaputtgegangen ist.

Zerbrochene Ehen sind immer auch menschliche Fragezeichen. Es gibt Kinder, die ihren Vater oder ihre Mutter durch Tod verlieren, andere Kinder durch die Scheidung der Eltern und die damit oft verbundenen erbitterten Kämpfe zwischen den Eheleuten. Aber natürlich bleibt ein großer Unterschied. Der Vater bleibt auch Vater, wenn er geschieden ist, und er wird seine Vatersorge dem Kind hoffentlich nicht verweigern, nur weil er sich von der Mutter abgewandt hat und umgekehrt. Dennoch ist eine Scheidung letztlich doch „contra naturam", jedenfalls sicherlich aus der Sicht der Kinder, für die es natürlich viel schöner ist, wenn sie von Mutter und Vater gemeinsam erzogen werden.

Die hohen Scheidungszahlen schmerzen mich sehr, denn sie sind ein Zeichen von gescheiterten Lebensplänen und verlorenen Hoffnungen. Die Kinder aber trifft es wohl am härtesten, denn mitzubestimmen haben sie letztlich nichts bei der Entscheidung, die ihr Leben so tiefgreifend prägt. Aber leiden müssen sie unter ihr mindestens so schwer wie die Eltern, ja vielleicht schwerer. Sie würden bestimmt, wenn sie könnten, alles dafür geben, damit ihre Eltern zusammenbleiben.

Schon wegen der Kinder kann ich darum den Eheleuten immer wieder nur sagen: Bitte, bitte macht es euch nicht so bequem, wie es das Fernsehen oder die gesellschaftliche Norm vormacht. Lebe ich mit einem Menschen unter einem Dach, den ich nicht mehr liebe? Oder gefällt mir eine jüngere Frau beziehungsweise ein sportlicherer Mann besser? Auf und davon in eine neue Verliebtheit? Ist das die Lösung? Und was ist, wenn der Reiz der neuen Beziehung dann auch irgendwann nachlässt? Wie oft will ich denn eigentlich davonlaufen? Der Weg der Treue ist auf den ersten Blick nicht bequem. Ob die Alternative allerdings uns langfristig glücklicher und auch besser macht – daran habe ich meine großen Zweifel.

Mein Vater hat sich nach 22 Jahren Ehe von meiner Mutter getrennt. Ich war damals sehr enttäuscht von ihm. Meine Mutter tat mir unendlich leid. Sie hing so an ihm und hat immer gehofft, dass er wiederkommt. Besonders enttäuschend war für mich, dass ausgerechnet er, der uns die Liebe zur Kirche und unserem Glauben so nahegebracht hatte, Ehebruch begeht. Er war derjenige, der uns über Anstand und Moral aufgeklärt hat, dem die Werte der Familie immer das Wichtigste waren. Na ja, wahrscheinlich kann das uns allen passieren. Wir müssen eben sehr bescheiden und demütig bleiben und immer beten, dass uns die Versuchung nicht rumkriegt.

Haben Sie Ihrem Vater Vorwürfe gemacht?

Um Gottes willen, Vorwürfe, das hätte ich mich nicht getraut. Ich habe aber etwas viel Schlimmeres getan: Ich habe mit ihm ungefähr fünf Jahre weder gesprochen noch bin ich ihm begegnet. Darunter hat er sicher sehr gelitten.

Sie haben den Kontakt zu ihm völlig abgebrochen?

Ja, aus Loyalität meiner Mutter gegenüber. Sie hatte die Hoffnung, wir als Familie würden ihm so sehr fehlen, dass er vielleicht doch zurückkommen würde. Mein Vater hat darunter sehr gelitten, er war einfach ein großer Familienmensch.

Hat er versucht, Kontakt zu Ihnen aufzunehmen?

Nein, er hat immer respektiert, dass wir zu unserer Mutter halten und alles über sie läuft. Einmal hat er mir einen Brief geschrieben, in dem er seine Traurigkeit und seine Lage beschrieben hat. Aber er hat sich nicht beschwert und auch niemanden angeklagt.

Meine Mutter hat diese Situation aber irgendwann nicht mehr ausgehalten. Vor allem hat sie erkannt, dass es genau das Gegenteil bewirkte. Unter diesen Umständen kam mein Vater erst recht nicht zu ihr zurück. Also hat sie beschlossen, ihn wieder einzuladen. Darüber war Vater sehr froh, und bald kam er regelmäßig nach Hause. Mutter wollte dann immer, dass wir auch dazukommen, um wieder ganz Familie zu sein. Da meine Schwester Maya und ich zu diesem Zeitpunkt schon selber Familie hatten, luden wir alle öfters zu uns nach Hause ein. Das war immer sehr schön. Allerdings haben wir nie über seine zweite Familie gesprochen. Das war tabu.

Kam es dann auch zu einer Aussprache zwischen Ihnen und Ihrem Vater?

Ja, wir haben oft und lange und auch kontrovers diskutiert über Ehebruch und Treue. Irgendwann konnten wir darüber relativ unverkrampft sprechen und haben uns darauf geeinigt, in manchen Dingen eben uneinig zu sein. Viel wichtiger war, dass wir wieder fröhlich zusammen sein konnten. Im Nachhinein hat es mir auch leidgetan, dass ich den Kontakt zu Vater so lange abgebrochen hatte. Allerdings wollte ich mich hier schon nach meiner Mutter richten. Sie war schließlich die Verlassene und Verletzte. Das hat Vater auch verstanden.

Ich muss auch sagen: Früher waren die Scheidungsraten zwar nicht so hoch, aber die Leute haben nebenbei unter dem Deckmäntelchen der Ehe ihre Geliebte gehabt. Ich verstehe Menschen, die sagen, dass das ein viel verlogeneres System war. Heute sind die Leute ehrlicher und Gott sei Dank ist es gesellschaftlich nicht mehr geächtet, wenn eine Ehe scheitert. Dennoch halte ich es weiterhin für essentiell, dass das Ehesakrament ernst genommen wird.

Natürlich dürfen wir uns da nichts vormachen: Es ist schon immer gesündigt worden, gerade auch gegen das sechste Gebot. Vielleicht wurde früher aus Angst vor der Öffentlichkeit mehr geheuchelt. Manche Ehe wurde nur zum Schein aufrechterhalten. Aber ist es so viel besser, dass heute auf diesem Gebiet alle Sünden bis zu den gröbsten Abartigkeiten im Nachmittagsprogramm des Fernsehens ausgebreitet werden können? Ich wehre mich, wenn uns das als Fortschritt und als Befreiung verkauft werden soll.

Oft wird dann außerdem noch so getan, als ginge die ganze Heuchelei auf das Konto der angeblich so prüden katholischen Kirche. Das ist völliger Unsinn. Der große Schriftsteller Franz Werfel, der als Jude mehr vom katholischen Wesen verstanden hat als mancher Christ, schreibt in seinen Memoiren, in katholischen Gebieten würde mehr und besser gegessen und getrunken als in protestantischen, aber weniger Seife verbraucht. Das ist eine sehr wichtige Beobachtung. Der katholische Glaube mit seiner Liturgie und mit der von ihr inspirierten Kunst spricht alle menschlichen Sinne an, weil alle Sinne von Gott gewollt und geschaffen sind. Er ist keine Angelegenheit für trockene Verstandesmenschen. Unser Glaube ist ausgesprochen sinnlich.

Deswegen könnte ich mir auch niemals vorstellen, als Puritaner zu leben. Schauen Sie sich unsere üppigen Barockkirchen an! Da haben die Künstler schon den Himmel auf Erden gebracht. Die Kirche hat zur Leiblichkeit des Menschen ein durchweg positives Verhältnis. Wohl kann es sein, dass die Daseinsfreude hier und da übertrieben worden ist. Es soll ja laut bestimmten Studien in katholischen Gegenden nicht weniger, sondern mehr uneheliche Kinder geben als anderswo.

Aber als Katholik weiß ich eben auch, dass es im menschlichen Leben Sünde gibt. Das ist keine billige Ausrede und keine Drohbotschaft, um den Menschen einen lebenslangen Schuldkomplex einzuimpfen. Nein – die Sünde ist eine Tatsache unserer „conditio humana". Heute aber soll sie uns ausgeredet werden. Ehebruch wird als Kavaliersdelikt abgehakt. Politiker und Fernsehstars kokettieren mit ihren vielen Ehen und lassen diejenigen, die treu in ihrer einen Ehe leben, öffentlich als Spießer dastehen. Das kann mich auf die Palme bringen!

Die Kirche verwehrt wiederverheirateten Geschiedenen die Zulassung zur Kommunion. Viele wirklich treue Katholiken haben damit ihre großen Probleme. Wie gehen Sie als Bischof und Seelsorger damit um?

Ich hatte einmal ein Gespräch mit einer Frau, die von ihrem Mann verlassen worden war. Sie hatte danach einen anderen kennengelernt und wollte heiraten. Es war ihr nicht auszureden. Da blieb mir nur, ihr zu sagen: „Versuchen Sie wenigstens die Verbindung mit Christus zu halten, die ihnen möglich ist. Sie können nicht mehr zur Eucharistie gehen, wenn Sie den neuen Mann heiraten. Gehen Sie trotzdem sonntags zur Heiligen Messe und feiern Sie die geistliche Kommunion. Die Sehnsucht nach der Kommunion kann Ihnen oft eine intensivere Christusverbindung geben als jemandem, der gedankenlos den Leib Christi empfängt. Und alles andere übergeben wir der Barmherzigkeit Gottes." Schauen Sie: Eine andere Regelung liegt nicht in meiner Macht. Ich weiß, dass Gott den glimmenden Docht nicht austritt und das geknickte Rohr nicht zerbricht.

Ich glaube, dass viele die Kommunion als eine soziale Veranstaltung wahrnehmen, zu der man sich eben in der Kirche trifft. Wenn man diese Auffassung hat, ist es natürlich diskriminierend und demütigend, nicht hingehen zu dürfen. Wenn aber die Kommunion die Begegnung mit dem Herrn ist und man sie auch als solche auffasst, erhält das Ganze eine andere Akzentuierung. Es ist ja nicht ein gruppendynamisches Erleben, sondern es ist die Begegnung mit Christus, und diese Begegnung ist an Bedingungen gebunden.

Jedes Sakrament hat aber auch eine soziale Dimension. Natürlich werde ich im Sakrament mit Christus verbunden. Die Kirche ist der Leib Christi, und wenn ich die Kommunion empfange, verbindet mich das mit der Kirche. Es ist ein Einverleiben. Und deswegen kann sich das wie eine Exkommunikation anfühlen, wenn sich die Gemeinde Reihe für Reihe erhebt und vor dem Altar den Leib Christi empfängt. Die Empörung darüber, dass ein wiederverheirateter Geschiedener nicht zur Kommunion gehen darf, lässt aber leider aus dem Blick, dass es die Sünde gibt, durch die wir uns absondern von Christus. Dass uns das nicht passiert, sollte unsere erste Sorge sein.

Ich weise immer wieder darauf hin, dass es auch die Möglichkeit für ein „eucharistisches Solidaritätsfasten" gibt: Einer aus dem Familien- oder Bekanntenkreis, in dem es eine gescheiterte Ehe gibt, geht an einem Sonntag neben dem Geschiedenen in der Kirchenbank ganz bewusst nicht zur eucharistischen Kommunion, sondern pflegt die geistliche Kommunion mit dem Nachbarn, der geschieden und wiederverheiratet ist. Ich glaube, dass dies ein Weg ist, mit dem anderen auch mitzuleiden und ihm zu zeigen, dass er sich nicht als ein Ausgegrenzter fühlen muss.

Was macht denn ein Katholik, dessen Ehe offenbar ungültig war, der das aber nicht beweisen kann? Ihm bleibt die Kommunion dennoch verwehrt.

Er muss das mit einem bewährten Seelsorger besprechen. Und der muss bei dem oben erwähnten, nicht nachzuweisenden Einzelfall den Rat geben: „Ihre Ehe ist augenscheinlich nicht gültig gewesen. Gehen Sie zu den Festtagen in eine andere Pfarrkirche, dort können Sie auch zur Kommunion gehen." Das ist eine individuelle Lösung, die das Ärgernis vermeidet. Daraus kann man keine Norm machen. Es gibt aber solche Fälle, in denen man die offensichtliche Ungültigkeit der Ehe nicht nach den Regeln des Kirchenrechts nachweisen kann.

„Was macht der Mensch nur aus dem Menschen?"

FÜRSTIN GLORIA: *Im Magazin der „Süddeutschen Zeitung" erschien im November 2006 eine Geschichte, die mich sehr berührt hat. Auf dem Titel des Magazins war ein behindertes Kind zu sehen, darunter stand „Vom Aussterben bedroht". In dem Artikel ging es um die Frage, warum heutzutage immer weniger behinderte Menschen zu sehen sind. Die Antwort ist ganz einfach: Sie werden abgetrieben, oder wie es der Autor ausdrückte: „selektiert". Er beschrieb, unter welchem Druck Mütter heutzutage kommen, bei denen mittels der pränatalen Diagnostik festgestellt wird, dass ihr Kind möglicherweise einen Gendefekt hat. Nicht alle, aber viele Ärzte drängen die Frauen, sofort abzutreiben. Zahlreiche Frauen folgen dem Rat – und haben anschließend jahrelang unter dieser Entscheidung zu leiden. In dem Artikel wird auch von einer Frau berichtet, die bereits im sechsten Monat schwanger war und deren behindertes Kind nach Aussage der Ärzte keine Überlebenschance habe. Sie sollte deshalb einer Abtreibung durch eine Kaliumchloridspritze in den Herzmuskel des Kindes zustimmen. Sie entschied anders und erzählt: „Im Dezember wird Rina drei. Wir sind eine richtige kleine Familie, vielleicht eine komische, aber ein glückliche Familie."*

Und noch ein weiterer Punkt, der mich immer wieder sehr beschäftigt: Technisch ist es heute auch längst möglich, dass sich Frauen ihr Wunschkind aussuchen können. Sie gehen zu einer Samenbank und kaufen einen Samen, dem bestimmte Gene zugrunde liegen.

Mich schaudert bei dem Gedanken, dass wir unsere Kinder heute tatsächlich selektieren und designen können. Meiner Meinung nach sind wir hier ganz schnell beim Übermenschen, den Nietzsche als den Idealtypus des Menschen propagiert hat. Die Nazis haben sich diese Ideologie später zu eigen gemacht – mit fatalen Konsequenzen. Natürlich muss man mit Vergleichen diesbezüglich sehr vorsichtig sein. Aber so ganz kann ich mich von dem Gedanken nicht frei machen, dass wir uns unter einem vermeintlich humanitären Deckmantel wieder in die gleiche Richtung bewegen – und zwar ohne dass es von der Öffentlichkeit wahrgenommen wird.

Die Kirche spricht sich gegen alle diese Methoden aus, auch gegen künstliche Befruchtung. Was sind die Gründe dafür?

KARDINAL MEISNER: Sie nennen sehr viele Themen auf einmal, die aber natürlich alle miteinander zusammenhängen. Vielleicht sage ich erst einmal etwas zum „Designen" von Menschen und zur künstlichen Befruchtung. Was ist hier die Position der Kirche?

Wir Christen glauben an die Gottebenbildlichkeit des Menschen. Die Weitergabe des Lebens ist für uns verbunden mit der Liebeshingabe innerhalb einer Ehe. Junge Eltern sprechen über nichts so gerne wie über das Aussehen ihrer Kinder: „Schau mal, die Nase hat er von dir, die Ohren von mir." Ich glaube, dass diese Identifikation der Eltern mit dem Kind etwas sehr Wertvolles und Einmaliges und auch für die Akzeptanz, die das Kind verspürt, ungeheuer wichtig ist: Hier bin ich als einmaliger Mensch, dort sind meine Eltern, die mir das Leben und auch mein Aussehen, mein „Sein" geschenkt haben.

So viel zum Kind und seinen Eltern. Nun zu Gott: Wir Christen sind überzeugt davon, dass sich der Mensch einem Anruf Gottes verdankt. Gott hat uns ins Dasein gerufen und mit Namen genannt. Sonst gäbe es uns nicht. Darin besteht die Sünde der Abtreibung, dass man ein „Du" Gottes rückgängig machen will. Gott sagt „Du" zu dem Kind, und die Eltern wollen dieses „Du" durchkreuzen.

Der zweite Punkt ist: Wir leben in einem ganz neuen Zeitalter. Wir stehen heute nicht mehr in einer Weltanschauungsdebatte, sondern in einer Menschanschauungsdebatte. Der Mensch wird nicht mehr allein dadurch definiert, dass er Mensch ist und deshalb per se Würde hat, sondern durch seine Eigenschaften. Ich formuliere es überspitzt: Ein Mensch ist heute nur ein Mensch, wenn er gesund ist. Das klingt hart. Aber wenn wir beleuchten, was bei uns mittlerweile Realität ist, sollte uns die Dramatik bewusst werden: Ein Mensch darf heute nur noch gesund zur Welt kommen. Ist er bereits im Mutterleib krank, hat er von vorneherein keinen Status in der Gesellschaft. Er ist ein Todeskandidat.

Was halten Sie von der pränatalen Diagnostik, mit der es möglich ist, bereits bei Embryonen Krankheiten zu identifizieren?

Die pränatale Diagnostik ist im Prinzip überhaupt nichts Schlechtes oder Verwerfliches. Im Gegenteil! Die Diagnostik ist die Vorstufe der Therapie. Wenn die pränatale Diagnostik also dazu dient, um bei einem Kind eine Krankheit zu entdecken und sie zu heilen – dann ja. Aber wenn der zweite Schritt die Tötung bedeutet, dann pervertiert die Diagnostik.

Nach dem Motto: „Unser Kind wird eine Hasenscharte haben, lassen wir es lieber abtreiben."

Ihr Beispiel mag drastisch klingen, aber so wird es in manchen Ländern zum Teil tatsächlich schon praktiziert. Eltern werden dann geradezu genötigt, ein unheilbar krankes Kind abzutreiben. Tun sie es nicht, müssen sie schriftlich bestätigen, dass die Gesellschaft nicht für ihr Kind aufkommt. Sie müssen nachweisen, dass sie genug Geld haben, um das Kind selbst zu ernähren, auch wenn es krank ist. Die Konsequenz ist, dass der Mensch in jedem kranken Mitmenschen jemanden sieht, der einem das Brot wegnimmt. Im Hebräerbrief steht: „Es ist furchtbar, in die Hände des lebendigen Gottes zu fallen." Heute müssen wir sagen: Es ist viel schlimmer, in die Hand des Menschen zu fallen! Ich frage mich: Was macht der Mensch nur aus dem Menschen?

Meine Schwester Maya hat ein Jahr nach der Geburt gemerkt, dass ihr Kind behindert ist. Ihre Tochter Pilar ist heute 18 Jahre alt, sitzt im Rollstuhl und kann nur sehr schwer sprechen. Aber sie ist ein Mensch mit Humor und Gefühlen wie jeder andere auch. Nur ist sie auf fremde Hilfe angewiesen. Wir sind alle froh und dankbar, dass es Pilar in unserer Familie gibt. Durch sie haben wir alle viel gelernt, vor allem Rücksichtnahme und Nächstenliebe.

Es ist ohne Frage ein schweres Kreuz, ein behindertes Kind zu haben. Aber wenn man das Kreuz annimmt, erfährt man ungeheure Gnaden. Was nach außen wie eine schwere Belastung aussieht, kann eine wunderschöne, ganz besondere Beziehung zwischen Eltern und ihrem Kind sein. Aber das erfährt man alles erst, wenn man es selbst erlebt. Dann merkt man, dass eine solche Prüfung sehr bereichernd sein kann.

Ich finde es sehr bedrückend, dass darüber in der Öffentlichkeit überhaupt nicht mehr gesprochen wird. Die Tatsache, dass in Deutschland behinderte Kinder zu Tausenden abgetrieben werden, wird totgeschwiegen. Man spricht darüber einfach nicht. Und verzeihen Sie mir, Eminenz, aber ich bin der Meinung, dass die Kirche in Deutschland nicht laut genug gegen die Abtreibungspraxis protestiert. Ich würde mir wünschen, dass von den Kanzeln mehr Druck auf die Politik gemacht wird.

Ich bin in Sachen Abtreibung permanent in der Politik unterwegs. Aber nicht einmal CDU und CSU stehen ganz auf unserer Seite. Die Widerstände sind riesig. Manche Feministinnen sind auf der Gegenseite unterwegs und passen auf, dass nicht einmal über die grässlichen Spätabtreibungen diskutiert wird, weil sie davor Angst haben, dass die katholische Kirche über die Spätabtreibung das ganze Abtreibungsgesetz ins Wanken bringen könnte. Wir sind mittlerweile schon so weit, dass von einem Recht auf Abtreibung gesprochen wird. Als mit der Wiedervereinigung Deutschlands das Abtreibungsrecht neu geregelt wurde, hat das Bundesverfassungsgericht der Regierung die Auflage gegeben, nach einem gewissen Zeitpunkt zu überprüfen, ob die Folgen des Gesetzes sich positiv ausgewirkt haben. Sie können die Parteien so viel anmahnen, wie Sie wollen, sie gehen darauf einfach nicht ein. Die CDU/CSU macht dabei leider keine Ausnahme.

„Gott hat mich im Mutterleib berufen"

FÜRSTIN GLORIA: *Was mich so beunruhigt, ist: Der Umgang mit dem ungeborenen Leben, mit den Kranken und mit den Sterbenden spiegelt auch den Zustand einer Gesellschaft wider.*

KARDINAL MEISNER: Eindeutig ja! In unseren katholischen Krankenhäusern haben wir durchgesetzt, dass Fehlgeburten nicht mehr mit dem sanitären Müll beseitigt werden. Wenn wir überzeugt sind, dass da ein Mensch gestorben ist, müssen wir ihn ehrenvoll bestatten und ihn nicht entsorgen. Wo Bestattungen stattfinden, wo Gräber sind, da sind Menschen. Das ist der Unterschied zum Tier. Ein Tier begräbt seine Toten nicht.

Wir arbeiten in der Kirche zurzeit an einem neuen Beerdigungsritus. Dabei ist auch die Beerdigung von Fehlgeburten ein wichtiges Thema.

Wie man damit umgehen kann, will ich an einem Beispiel zeigen:

Bei uns haben wir in einer Klinik eine großartige Pastoralreferentin. Sie besucht im Krankenhaus regelmäßig Mütter, die eine Fehlgeburt hatten, und fragt, ob sie ihr Kind sehen möchten. Die erste Reaktion ist immer ablehnend. Sie fragt dann nach dem Namen, den das Kind hätte bekommen sollen. Das Kind wird dann auf ein weißes Tuch gelegt, daneben wird ein Blümchen gestellt, auf eine kleine Karte wird der Name des Kindes geschrieben, und die Pastoralreferentin fotografiert es. Dann geht sie zur Mutter und fragt, ob sie ein Foto ihres Kindes sehen möchte. Dann sagen viele Frauen plötzlich: „Ja, ein Foto meines Kindes möchte ich sehen." Und darauf möchten sie ihr Kind selbst noch sehen, was dann immer noch möglich ist. Einige bitten um ein Begräbnis für ihr totes Kind. Wir organisieren das. Das ist für die Mütter wie eine Erlösung.

Mich hat in diesem Zusammenhang ein Erlebnis in Japan sehr beeindruckt. Das Erzbistum Köln hat seit vielen Jahren eine enge Partnerschaft mit Tokio. Nicht weit von dort, in der Stadt Kamakura südlich von Tokio, gibt es einen Tempel mit einem riesigen Areal. Wenn eine Frau abgetrieben hat, bringt sie ihr Kind symbolisch in Form einer Gipspuppe in den heiligen Bezirk. Millionen Gipspüppchen stehen dort. Bei manchen sehen Sie ein frisches Blümchen oder einen Schnuller. Mein Kardinalskollege dort hat mir gesagt: „Die beste Möglichkeit, um einigermaßen von der Abtreibung geheilt zu werden, ist für die Frauen, ihre nie geborenen Kinder besuchen zu können." Dieser Tempel hat mich tief beeindruckt, und für mich ist er ein bewegendes Denkmal gegen Abtreibung.

Mir hat ein Seelsorger einmal gesagt, dass er Frauen, die abgetrieben haben, rät: „Geben Sie dem Kind einen Namen und schließen Sie es in Ihr tägliches Gebet ein." Das hilft den Frauen oft.

Ja, dem Kind einen Namen zu geben, halte ich auch für sehr wichtig. Im Buch Jesaja heißt es: „Der Herr hat mich schon im Mutterleib berufen; als ich noch im Schoß meiner Mutter war, hat er meinen Namen genannt." Bereits im Mutterleib spricht Gott also das Kind mit Namen an und lädt es zu einem „Du" ein. Aus dieser Realität heraus können wir auch nicht der embryonalen Stammzellenforschung zustimmen. Denn nach unserer Auffassung handelt es sich bei einem Embryo nicht um ein anonymes Etwas, sondern um einen Menschen, einen Jemand. Und ich kann nicht Menschen töten, um andere Menschen zu heilen.

Über die embryonale Stammzellenforschung gibt es sehr unterschiedliche Meinungen. In Deutschland haben wir eine sehr strenge Regelung. Die „Produktion" von Embryonen zu Forschungszwecken ist strikt untersagt. Woher nehmen wir aber die Sicherheit, dass es schon Menschen sind, mit denen die Wissenschaft arbeitet? Wann beginnt das menschliche Leben?

Allein aus der Offenbarung lässt sich nicht mit Bestimmtheit sagen, wann präzise das menschliche Leben beginnt. Die Kirche weiß aber, dass der Mensch das Ebenbild Gottes und seine Würde unantastbar ist. Wir wissen außerdem von den Naturwissenschaften: Wenn Eizelle und Samenzelle zusammenkommen, ist der Mensch da. Und die befruchtete Eizelle entwickelt sich von da an nicht *zum* Menschen, sondern *als* Mensch, und zwar als ein ganz bestimmter, denn genetisch kommt zu dem einzigartigen Menschen ja nichts mehr hinzu.

Ist die Kirche mit ihrer Auffassung zu Pille, Abtreibung und embryonaler Stammzellenforschung nicht auf weiter Flur alleine? Die große Mehrheit der Wissenschaftler steht gegen sie!

Aber bei Weitem nicht alle. Es gibt zahlreiche Ärzte und Wissenschaftler, die in diesen Fragen durchaus unsere Position vertreten. Aber es stimmt schon: Die Mehrheit steht gegen uns. Nur darf uns das nicht dazu bringen, klein beizugeben. Wer kümmert sich denn sonst um diese lebenswichtigen Fragen? Im Übrigen ist die Frage nach der Wahrheit nicht eine Frage nach Mehrheiten. Eine Mehrheit kann sich auch irren. Das sollten wir uns gerade bei diesen wichtigen Themen immer wieder bewusst machen.

„Den Menschen in Frieden sterben lassen"

FÜRSTIN GLORIA: *Wie schwierig die Fragen von Tod und Leben sind, lässt sich exemplarisch auch an der Debatte um den Hirntod ablesen. Papst Johannes Paul II. hat im Jahr 2000 eine Ansprache an den Internationalen Kongress der Transplantations-Gesellschaft gehalten. Er kam in dieser Ansprache zu dem Schluss, dass der Mensch mit dem Hirntod tatsächlich tot ist. Hirntod bezeichnet dabei den vollständigen Stillstand jeder Hirntätigkeit, während das Herz-Kreislauf-System durchaus noch funktionieren kann. Besonders bedeutsam wird diese Problematik, wenn es um die Organtransplantation geht: Wird der Mensch mit dem Hirntod für tot erklärt, dürfen ihm Organe entnommen werden, mit denen andere Menschenleben gerettet werden können. Ist man allerdings der Auffassung, dass der hirntote Mensch noch lebt, wäre dies streng verboten.*

KARDINAL MEISNER: Das ist in der Tat eine ungeheuer schwierige Frage. Ich bin der Meinung, dass man hier im Gespräch mit der Fachwelt bleiben muss.

Man weiß heute, dass der Tod nicht schlagartig eintritt, sondern gleichsam ein Prozess ist. Wenn das Gehirn tot ist, lebt der Körper wohl biologisch noch einige Stunden weiter. Der Gehirntod ist irreversibel, kein Mensch kann von diesem Punkt aus wieder gesund werden. Aber biologisch ganz tot ist er noch nicht, wenn ich mich als Laie so ausdrücken kann.

Ich habe lange mit Ärzten darüber diskutiert und gefragt: „Befördern Sie einen Hirntoten mit dem Leichenwagen oder mit dem Krankenwagen?" Die Antwort lautete: „Mit dem Krankenwagen." Allein daran sieht man doch schon, dass ein Hirntoter noch nicht tot ist!

Ist es aus Ihrer Sicht mit der Würde des Menschen vereinbar, den Tod möglichst lange hinauszuzögern?

Es gibt einen Punkt, an dem man einen Menschen auch in Ruhe sterben lassen muss. Papst Pius XII. hat zu diesen sehr schwierigen Fragen in seinen großen Ansprachen Stellung genommen. Zum Sterben hat er gesagt: Man kann den Sterbeprozess anhalten, wenn der Sterbende noch etwas zu erledigen hat, etwa, wenn er sich von Verwandten verabschieden oder auch sein Testament regeln will. Wenn der Sterbeprozess wesentlich weiter ist und die Ärzte den Hirntod feststellen, dann kann man auch Organe entnehmen, wenn der Betroffene das zu seinen Lebzeiten verfügt hat. Anschließend stellt man die Maschinen aus – und der Mensch soll in Gottes Namen in Frieden sterben. Das ist legitim. Hier geschieht keine Tötung des Menschen.

Wie gehen katholische Krankenhäuser mit diesen Grenzfällen um?

Das ist für die Ärzte ungeheuer schwer zu entscheiden. In vielen Krankenhäusern gibt es eine Ethik-Kommission, in der zwei Ärzte und zwei Theologen sitzen. Sie treffen sich, wenn es bei einem Patienten um Leben und Tod geht, wenn die Frage auftaucht, ob man die Geräte abschalten darf oder nicht. Der behandelnde Facharzt kommt dazu. Die Kommission fällt dann ein Urteil. Alle Entscheidungen werden protokolliert für den Fall, dass es später juristische Auseinandersetzungen gibt. Im Kern geht es für einen Schwerkranken auch bei der Patientenverfügung darum, zu verhindern, dass sein Leben über jedes vernünftige Maß hinaus verlängert wird.

Wann hört nach kirchlicher Auffassung passive Sterbehilfe auf, wann fängt aktive Sterbehilfe an?

Aktive Sterbehilfe darf es grundsätzlich nicht geben. Das heißt nämlich, bewusst und willentlich den Tod eines anderen Menschen herbeizuführen.

Unsere Pflicht als Christen ist es dagegen, jeden Menschen in Würde sterben lassen zu können. Dazu gehört auch, den Sterbeprozess so schmerzfrei wie möglich zu gestalten. Heute gibt es dazu enorme Möglichkeiten. Wenn Sie also einen schwerkranken Patienten mit schmerzlindernden Medikamenten behandeln, ist das gerechtfertigt, auch wenn Sie unter Umständen in Kauf nehmen müssen, dass das Leben des Patienten sich dadurch verkürzt. Die Absicht besteht nicht darin, das Leben des Kranken zu verkürzen, sondern ihn medikamentös von den Schmerzen zu befreien. Es ist ein Gebot der Würde, dem Sterbenden gegen seine Schmerzen zu helfen. Ebenso finde ich es grausam, wenn man einen todkranken Menschen durch lebenserhaltende Methoden quält, die zu keiner Heilung führen, sondern nur noch den Todeskampf verlängern. Auch das ist gegen die Würde des Sterbenden. Hier sollte man nach ärztlichem Urteil den Kranken sterben lassen.

Johannes Paul II. hat die Welt mit seinem Leiden und Sterben tief beeindruckt. Sie waren mit ihm befreundet und haben sein Sterben sehr nah erlebt. Hat er gelitten?

Sehr nah habe ich das Sterben des Papstes nicht erlebt, weil ich als Kölner Erzbischof nicht die Möglichkeit hatte, längere Zeit im Vatikan zu sein. Aber Johannes Paul hat mich wenige Wochen vor seinem Tod rufen lassen. Damals habe ich ihn zum ersten Mal im Bett gesehen. Und er hat wirklich sehr gelitten.

Er konnte doch damals kaum noch sprechen ...

Ich war damals zutiefst erschüttert. Da sagte dieser alte, sterbende Mann zu mir mit Blick auf den Weltjugendtag: „Wartet ihr auf mich noch in Köln?" Ich antwortete: „Heiliger Vater! Und wie! Ich bin ganz erstaunt, dass Sie danach fragen! Sie brauchen dort auch kein Wort zu sagen. Ihre Präsenz spricht lauter als jedes Wort." Dann habe ich seine Hand genommen und gesagt: „Ich lasse Sie erst los, wenn Sie mir versprechen, dass Sie kommen." Er lächelte und antwortete: „Ich komme. Aber wie, das bestimmt der dort" – und richtete den Blick nach oben.

Kardinal Ratzinger hat damals gesagt: „Im Bogen eines langen päpstlichen Dienens und Lebens kann auch eine Phase des Nicht-Sprechens durchaus ihren Sinn haben." Und besonders schön fand ich, wie er den Sinn der letzten Wochen im Leben dieses großen Papstes erklärte: „Ich glaube, wir haben gerade in diesen letzten Jahren gelernt, dass das Zeugnis eines leidenden Papstes eine große Bedeutung hat, dass Leiden eine eigene Art der Verkündigung ist." Leiden sei fruchtbar als Mittragen mit dem Herrn, Mittragen mit den vielen Leidenden dieser Welt, denen sichtbar werde: Leiden hat Sinn, Leiden kann et-

was Positives sein. Die Botschaft dieses Papstes sei gerade in dieser Welt sehr wichtig, in der man das Leiden verstecken oder abschaffen wolle. Man könne es aber eben nicht abschaffen.

Dennoch habe ich in Diskussionen um aktive Sterbehilfe oft Argumentationsschwierigkeiten. Es gibt Menschen, die trotz Schmerzmitteln schrecklich leiden müssen, die sich kaum noch bewegen können und jeden Lebensmut verloren haben. Was spricht aus Sicht der Kirche dagegen, einem solchen Menschen die Möglichkeit zu geben, friedlich zu sterben?

Was heißt friedlich sterben? Sterben ist ein Vorgang, der aus dem Menschen selbst kommt und nicht von außen veranlasst wird. Der Mensch hat sich nicht selbst ins Leben gerufen, er darf sich daraus auch nicht selbst abrufen. Hier haben wir uns im Sterben wie auch im Leben dem Willen Gottes anheimzugeben.

Haben auch Sie in Ihrer engsten Familie jemanden gehabt, der am Schluss nur noch sterben wollte?

Meine Mutter. Sie war am Schluss nur noch Haut und Knochen. Aber sie zeigte auch eine bewundernswerte Stärke und ein ungeheures Gottvertrauen. Sie summte bis zu ihrem Tod hinein die letzte Strophe des Liedes „Was uns die Erde Gutes spendet": „Wir werden die Vollendung finden und seiner Gottheit teilhaft sein."

Ich glaube, jeder Mensch fürchtet sich vor schwerer Krankheit, und ich bete schon seit Jahren dafür, dass Gott mir die Kraft geben möge, mit jedweder Prüfung fertig zu werden. Dem Sterben stehe ich allerdings zwiespältig gegenüber. Ich glaube fest an das ewige Leben in Glückseligkeit und lebe auch ganz bewusst auf das Sterben hin. Insofern habe ich keine Angstgefüh-

le, wenn ich an den Tod denke. Trotzdem weiß ich, dass das bei jedem Menschen ganz anders ist, wenn der Tod dann plötzlich vor der Tür steht.

Meinen Vater habe ich kurz vor seinem Tod gefragt, ob er vorbereitet sei. Er sagte: „Ja". Ich fragte: „Hast du Angst?" Da antwortete er ganz spontan: „Ich habe Lampenfieber."

Haben Sie Angst vor einer schweren Leidenszeit vor dem Tod?

Ich glaube, dass man heute durch Schmerztherapie einiges erreichen kann, zumindest weitaus mehr als vor 50 oder 100 Jahren. Angst habe ich, dass ich meinen Verstand verliere. Ich möchte bewusst sterben.

Wissen Sie schon, wo Sie als Erzbischof von Köln beerdigt werden?

Ja. Es gibt im Kölner Dom eine Gruft, in der die letzten Erzbischöfe von Köln alle liegen. Dort werde auch ich meine letzte Ruhe finden. Ich gehe bei manchen schwierigen Entscheidungen in die Gruft und sage mir dann: Ich möchte jetzt so entscheiden, dass die, die mich beerdigen werden, sagen, dass meine Entscheidung richtig war.

„Der Schöpfer des Himmels und der Erde"

FÜRSTIN GLORIA: *Erziehung der eigenen Kinder ist in den vergangenen Jahren zu einem wichtigen Thema in den Medien geworden. Der Fernsehsender RTL strahlte mit großem Erfolg eine Sendung unter dem Titel „Die Super-Nanny" aus, in der eine Pädagogin Eltern half, ihre schwererziehbaren Kinder in den Griff zu bekommen. Bernhard Bueb, katholischer Theologe und früherer Internatsleiter von Salem, hat einen Bestseller mit dem Titel „Lob der Disziplin" geschrieben. Augenscheinlich suchen viele Eltern nach Rat in Erziehungsfragen, weil sie mit dem Großziehen ihrer Kinder überfordert sind. Was ist Ihrer Ansicht nach der tiefere Grund dafür?*

KARDINAL MEISNER: Einen Grund habe ich vorhin schon im Zusammenhang mit der Ehe genannt: Eltern sind heute nicht mehr die Alleinerziehenden ihrer Kinder. Früher haben vielleicht noch Lehrerinnen und Lehrer eine prägende Rolle für Jugendliche gespielt. Heute aber haben Fernsehen und Internet die Erzieherrolle übernommen. Viele Eltern glauben sogar, dass sie die Erziehung ihrer Kinder anderen überlassen können. Sie flüchten aus der Rolle, Vater und Mutter zu sein. Das ist natürlich bequem, hat aber auch schlimme Konsequenzen. Den Kindern fehlt eine klare Lebensorientierung, und sie wird ihnen von denen verweigert, die eigentlich von Natur aus die ersten sind, die diese Aufgabe zu erfüllen haben. Symptomatisch dafür ist, dass sich manche Eltern wie Geschwister ihrer eigenen Kinder gebärden – innerlich und äußerlich. Einige Mütter versuchen dann, modisch mit der 15-jährigen Tochter mitzuhalten. Das ist verkehrte Welt.

Was raten Sie jungen Eltern, die ihre Kinder christlich erziehen wollen?

Wenn ich Vater wäre, würde ich, glaube ich, versuchen, mit meinem heutigen Wissen die Seligpreisungen in den Alltag umzusetzen. Schon Kinder haben das Schema von Aktion und Reaktion verinnerlicht. Grüßt er mich nicht, grüß ich auch nicht. Sage ich ein böses Wort, kommt es zurück. Wie du mir, so ich dir. Wenn ich jetzt aber sage: Ich bekomme eine geknallt und halte ihm die andere Wange hin – und so sagt es das Evangelium –, fragt der andere: „Ist denn der verrückt geworden?", und wird innehalten. Aber nur so wird das Schema von Aktion und Reaktion durchbrochen, und es entsteht etwas Neues. Nur so können wir das Angesicht der Erde erneuern. Darum heißt es für uns Christen: Wie Gott mir, so ich dir. Und nicht: Wie du mir, so ich dir. Das sollte man zuallererst in einer Familie leben. Und das würde ich versuchen, meinen Kindern beizubringen. Aber Sie als christliche Mutter sind hier doch viel kompetenter.

Wie haben Sie als Witwe die Erziehung Ihrer Kinder bewerkstelligt, Fürstin?

Es mag paradox klingen: Als mein Johannes starb, habe ich mich viel intensiver um meine Kinder kümmern können als vorher. Denn bis dahin war ja mein kranker Mann die Nummer 1. Natürlich musste ich auch viel arbeiten, aber mein Büro ist im Schloss, die Besprechungen fanden meistens bei uns zu Hause statt, so dass ich keine weiten Reisen machen und mich von den Kindern trennen musste. Wir haben zusammen gefrühstückt und zusammen zu Abend gegessen, und ich habe sie ins Bett gebracht. Wir hatten auch Angestellte, die mir eine Menge abgenommen haben. Insofern war und bin ich in einer sehr privilegierten Lage. Ich kann mir aber gut vorstellen, dass es für viele Frauen nicht einfach ist, Beruf und Kinder unter einen

Hut zu bringen. Die Herausforderung liegt darin, Prioritäten zu setzen und zu versuchen, das Unmögliche möglich zu machen. Das können Frauen oft besser als Männer.

Hat die Glaubenserziehung für Sie eine wichtige Rolle gespielt? Wenn man sich Bilder von Ihnen in den 80er Jahren anschaut, geht man nicht automatisch davon aus, dass Sie mit Ihren Kindern jeden Sonntag in die Messe gegangen sind …

Sind wir aber! Sogar auf Reisen. Für mich war die Glaubenserziehung meiner Kinder immer besonders wichtig, auch in meinen „verrückten Jahren", wenn man das so ausdrücken will. Ich bin übrigens auch nicht ständig so herumgelaufen, wie das damals im Fernsehen und in Zeitschriften zu sehen war …

Meine Kinder haben schon früh von mir und auch von einem befreundeten Priester Religionsunterricht erhalten. Als Vorlage hatte ich ein sehr schönes, altmodisches Katechismus-Bilderbuch, in dem das Leben Jesu dargestellt war, und natürlich eine klassische Kinderbibel. Wir haben in der Familie auch immer die kirchlichen Feiertage und die Namenstage festlich begangen.

Als die Kinder in die Pubertät kamen, habe ich den Religionsunterricht bewusst zurückgefahren. Ich wollte es gerade in der „Selbstfindungsphase" nicht übertreiben. Das geht oft schief, weil sich Jugendliche dann erst recht dagegen auflehnen. Erst später, als die Pubertät vorbei war, habe ich die Kinder wieder sehr intensiv mit religiösen Inhalten konfrontiert. Das ist teilweise sehr lustig, weil es dann hoch hergeht und lautstark diskutiert wird.

Das Wort Gottes ist für alle Lebensphasen der Menschen wichtig. Das Evangelium kennt Antworten gerade für Situationen, die so kompliziert sind wie die Pubertät bei Jugendlichen.

Schade, dass bei Ihnen hier „Funkstille" eintrat. Wenn Sie einmal Großmutter sind, dann ermuntern Sie Ihre Kinder, ihren Kindern dabei religiöse Hilfestellung zu geben.

Über ein Thema haben wir in der Familie besonders viel diskutiert, und da interessiert mich Ihre Meinung, Herr Kardinal: Seit einigen Jahren machen die sogenannten „Kreationisten" vor allem in den USA Furore. Sie behaupten, Gott habe die Welt tatsächlich so geschaffen, wie es die Schöpfungsgeschichte im Alten Testament beschreibt. Sie legen die Bibel also wörtlich aus und verlangen, dass dies auch in den Schulen gelehrt wird. Mit den Erkenntnissen der modernen Wissenschaft ist der „Kreationismus" dagegen nicht vereinbar. Was sagt die katholische Kirche dazu? Hat Gott die Welt doch in sieben Tagen erschaffen?

Es geht um die Entstehung der Erde. Lassen Sie mich etwas Grundsätzliches vorwegschicken: Leider ist es in der öffentlichen Debatte Mode, jeden, der die im Biologieunterricht gelehrte Theorie von der Entstehung der Erde hinterfragt, als „Kreationisten" oder Hinterwäldler zu verunglimpfen. Ein Wissenschaftler aber, der seine Position und seine Forschungsergebnisse für unumstößlich hält, hat seinen Beruf verfehlt. Das gilt gerade für Biologen.

Hinter den Theorien einiger Wissenschaftler steht oft ein krasser, nackter Atheismus, wie ihn selbst Charles Darwin nicht vertreten hat. Die Behauptung, dass hinter der Entstehung der Welt nichts und niemand steht und dass die Evolution eine reine Zufallsveranstaltung ist, erscheint mir der Größe des menschlichen Verstandes völlig unangemessen. Deshalb ist es für mich schlichtweg unvernünftig, so zu denken. Allerdings wird wohl das Gegenteil der atheistischen Theorien nie mit naturwissenschaftlichen Methoden beweisbar sein. Es ist eben ein Geheimnis des Glaubens, aber eines vernünftigen Glaubens.

Die Kirche behauptet nicht, dass die Welt ein Sieben-Tage-Werk ist. Sie hat auch kein Problem mit der Theorie vom Urknall. Ob es den gegeben hat oder nicht, sollen die Naturwissenschaftler klären. Die Kirche sagt lediglich: Am Anfang stand eine Urvernunft, der Logos. Alles ist durch diesen Logos geworden. Deswegen können wir auch beten: „Ich glaube an Gott, den Vater, Schöpfer des Himmels und der Erde." Das Sein verdankt sich nicht sich selbst, sondern ist Sein von einem anderen. Und es entfaltet sich nach Naturgesetzen, die der Logos im Anfang gesetzt hat. Die Evolution lässt sich also als ein Auswickeln betrachten. Es wird ausgewickelt, was der Schöpfer bereits von Anfang an in die Schöpfung hineingelegt hat.

So wie Michelangelo sagte, dass seine Figuren bereits im Stein enthalten sind und er sie nur herausholen müsse?

Mit dem Unterschied, dass wir es nicht mit Steinquadern, sondern mit etwas Lebendigem zu tun haben. Die Schöpfung ist noch nicht am Ende. Mensch und Natur entwickeln sich fort.

Das Schöpfungsdogma der Kirche besagt Folgendes: Alles Gewordene verdankt sich Gott, er lässt werden und vergehen. Die Schöpfung ist von einer inneren Vernunft durchdrungen, die sich in der Zeit verwirklicht.

Was halten Sie von den Forderungen auch aus Teilen der CDU, dass die Schöpfungslehre der Bibel Teil des Biologieunterrichts werden muss?

Jedes Jahr laden wir die Lehrerinnen und Lehrer unserer katholischen Schulen zu einer „pädagogischen Woche" ein, bei der auch immer ein kritisches Thema ansteht. Ich habe bei der Gelegenheit einmal gesagt, dass Biologie-, Physik- oder Chemie-lehrer nicht mit Psalmen argumentieren sollen. Das ist nicht ihre Aufgabe. Schüler sollen jedoch im naturwissenschaftlichen Unterricht sehr wohl spüren, dass sie dort Schöpfung erkunden und nicht bloß „Materie".

Wir werden immer wieder daran erinnert, dass wir die Natur schützen müssen, auch aus Verantwortung gegenüber künftigen Generationen. Das ist ein wichtiges Motiv. Wir dürfen die Natur nicht nur vom Zweckdenken her betrachten, sondern müssen sie auch von den Ursprüngen her sehen. Die viel tiefere Begründung dafür, dass wir die Natur erhalten müssen, ist die, dass die Erde uns vom Schöpfer zu treuen Händen übergeben ist. Wir sind also die Hüter der Schöpfung Gottes. Man darf von den naturwissenschaftlichen Fächern er-warten, dass sie diesen Blick auf die Natur nicht verstellen. Ich glaube, man spürt auch an der Art und Weise, wie Biologie- und Physiklehrer unterrichten, ob sie die Materie als Schöp-fung begreifen.

Wie definieren Sie in diesem Zusammenhang den Unterschied zwischen Glauben und Wissen?

Wissen ist die Art und Weise, wie ich Gegenstände erkenne und analysiere. Glaube ist die Art und Weise, wie ich Personen er-kenne und sehe. Dafür brauche ich Herz und Kopf. Denn der Zugang zu einer Person führt durch eine Tür, die nur von innen einen Griff hat. Man kann sie nicht von außen aufbrechen. Das hat zum Beispiel die Stasi oder die Gestapo mit Gewalt und Drogen probiert. Damit haben sie die Psyche der Person zer-stört, aber sie sind nicht in sie eingedrungen. Das schafft man nur, wenn man mit dem Herzen anklopft. Wenn man vertrau-enswürdig ist. Dann öffnet sich die Person, und nun müssen Sie Ihren Kopf einsetzen, um zu sehen, was im Menschen ist. Wahre Liebe macht nicht blind, sondern sehend. Und daher brauchen Sie im Umgang mit dem Menschen Herz und Verstand. Gute Religionslehrer wissen sehr genau: Im Religionsunterricht geht es um Gott, also um eine Person. Deshalb sind dort Herz und Kopf gefragt. Gegenstände und Dinge kann ich „wissen". Eine Person kann ich nur „glauben".

Wie stellen Sie im Erzbistum Köln sicher, dass den Kindern und Jugendlichen an katholischen Schulen solche Themen angemessen vermittelt werden?

Ich habe eine sehr gute Schulabteilung. Wir geben jedes Vierteljahr eine Zeitschrift für Lehrerinnen und Lehrer heraus. Sie heißt „Impulse", und darin geben wir Denkanstöße, wie man Unterrichtsstoff ins Pädagogische umsetzt. Außerdem besuchen meine Weihbischöfe und ich jedes Jahr bei den Visitationen die Schulen und laden alle Religionslehrer zu Gesprächen ein. Bei den Schulbesuchen gehe ich dann auch immer in eine Klasse, allerdings besuche ich nicht immer den Religionsunterricht, sondern auch schon mal den Deutschunterricht, denn der interessiert mich auch sehr. Wenn ich nicht Priester geworden wäre, wäre ich Deutschlehrer geworden!

Warum ausgerechnet Deutschlehrer?

Ob mich ein Schulfach interessierte oder nicht, hing bei mir immer vom Lehrer ab. Wenn es ein sympathischer Lehrer war, war das Fach für mich sympathisch. Ich habe zum Beispiel Predigen nicht im Priesterseminar gelernt, sondern bei meiner Deutschlehrerin, die wirklich hervorragend war. Sie hat mir beigebracht, wie ich Stoffe behandle und einen Text gliedere. Deutsche Sprache ist natürlich auch deutsche Philosophie, deutsche Geschichte, und ebenso gehört Religion dazu. Es hat mir immer Freude gemacht, mich mit Texten zu beschäftigen und sie den Menschen nahezubringen.

Ich habe auch gehört, dass Sie ein außerordentliches Charisma für Kinder und Jugendliche haben sollen ...

Es stimmt schon, dass ich mit ihnen gut auskomme und umgekehrt. Kindergottesdienste machen mir besonders große Freude, und ich glaube, ich habe wohl ein gewisses Geschick geschenkt bekommen, ihnen biblische Fragen und Themen anschaulich zu machen. Schon als Kaplan hat mir der Pfarrer die Kinderpredigten übertragen.

Mich interessiert im Zusammenhang mit Kindererziehung Ihre Haltung zur sexuellen Aufklärung von Jugendlichen. Wie soll eine kirchliche Schule dieses Thema im Unterricht behandeln?

Wiederum im Sinne unserer Schöpfungslehre.

Das heißt?

Das heißt, dass nicht nur die Frage beleuchtet wird, wie wir Menschen entstehen, sondern auch, wozu wir berufen sind. Da wir nicht nur Materie sind, dürfen wir unseren Körper nicht auf seine Funktionen reduzieren. Die Kinder sollen merken, dass Sexualität nicht etwas Banales, sondern etwas Kostbares ist, weil wir damit teilhaben an der Schöpfung. Der schamlosen Weise, wie in Nachmittagssendungen des Fernsehens darüber geredet wird, muss die Schule bewusst eine Sprache entgegensetzen, die der menschlichen Sexualität ihre Würde gibt.

Und wir müssen natürlich vermitteln, dass Sexualität nach der Schöpfungsordnung mit der Ehe verbunden ist und eine Familie auf Mutter und Vater gründet. Dazu brauchen wir Lehrer mit viel Spürsinn, damit sie für die Altersstufen entsprechend und mit Ehrfurcht vor dem Thema argumentieren. Besonders die Biologielehrer sind da gefordert.

„Der Liebe Gott hat mich gewollt"

FÜRSTIN GLORIA: *Bei den Themen Sexualität und Aufklärung scheint der Zug für die Kirche abgefahren. Ihre Positionen erscheinen veraltet, ihr Menschenbild überholt. Woran liegt es, dass sich die Kirche hier kein Gehör mehr verschaffen kann?*

KARDINAL MEISNER: Also, so pessimistisch bin ich nicht. Warum sollte der Zug schon abgefahren sein? Wenn man sich mit jungen Vätern und Müttern unterhält, spürt man ein großes Interesse an diesen Fragen: Wie erziehe ich meine Kinder, gerade im Hinblick auf Sexualität und Aufklärung? War die Art und Weise, wie die Generation vor uns in den 70er Jahren damit umgegangen ist, wirklich richtig?

Aber natürlich haben wir hier auch ein Kommunikationsproblem. Ich glaube, wir müssen bei der Vermittlung unserer Position viel stärker von der großen Grundfrage unseres Lebens ausgehen: Was und wer sind wir? Von dieser Frage aus müssen wir uns als Christen an die Antworten herantasten: Der Mensch ist ein Geschöpf Gottes. Gott traut ihm zu, dass er Verantwortung für sich selbst übernehmen kann. Der Mensch wird aber nicht gefragt, ob er leben will oder nicht. Dass er da ist, hat er immer einem anderen zu verdanken. Wir konnten uns unser Dasein und unser Sosein nicht aussuchen. Dass ich eine bestimmte Gabe habe und eine andere nicht, darüber brauche ich mich gar nicht zu ärgern, das hat der Liebe Gott so gewollt. Man muss sich also zunächst erst einmal so annehmen, wie man ist. Man muss sich als Mann bzw. als Frau annehmen. Wenn Eltern ihren Kindern das vermitteln, ihnen ein Selbstwertgefühl mitgeben, ihnen klarmachen, dass sie Verantwortung tragen und von Gott her kommen, ist schon eine Menge gewonnen.

Ich bin vor ein paar Jahren einmal durch die Medien gezogen worden, weil ich in einer Fernsehsendung gesagt habe, Johannes Paul II. sei ein Vorreiter für die Frauenrechte gewesen. Aber ich bleibe dabei: Dieser Papst hat eine sogenannte „Theologie des Leibes" entwickelt. Wer sich damit ernsthaft beschäftigt, wird zu dem gleichen Urteil kommen wie ich. Noch nie hat ein Papst so sensibel und so einfühlsam über die Rolle der Frau als Trägerin des Lebens und vor allem über die Schönheit der Liebe und über die sexuellen Bedürfnisse zweier Menschen gesprochen. Auch Papst Benedikt XVI. geht in seiner Enzyklika „Deus caritas est" auf die Liebe und die Sexualität wunderschön ein. Aber Johannes Paul II. war mit seiner Theologie noch praktischer. Für mich ist er der wahre Feminist, der wahre Frauenrechtler.

Das sehe ich ganz genauso, auch wenn das für viele Menschen absurd klingen mag. Papst Johannes Paul II. hatte gerade für die Themen Ehe, Familie, Frauenrechte und Sexualität ein besonderes Charisma. Bei ihm ist mir auch besonders klar geworden: Jeder Mensch bekommt von Gott eine ganz bestimmte, nicht wegdelegierbare Aufgabe zugewiesen. Damit er sie bewältigen kann, erhält er die nötigen Charismen und Gaben mit auf den Weg. Er sieht die Frau in der ganzen Fülle ihrer Möglichkeiten, die ihr eine unersetzliche Stellung in Gesellschaft, Familie und Kirche einräumen.

Warum ist Ihnen das gerade bei ihm aufgefallen?

Dieser Papst hat erst seine Mutter und seine Schwester verloren, dann auch noch seinen Bruder und seinen Vater. Er hatte keine Familie und keine Verwandten mehr und fand sich nun allein mitten in der Zeit der Nazi-Okkupation wieder. In dieser Situation haben sich Frauen seiner angenommen. Sie gaben ihm das, was er verloren hatte – mütterliche Liebe, das heißt die Kraft zur Daseinsbewältigung gerade unter Extrembedingungen. Dort hat er seine Sensibilität bekommen für die Schönheit, die Stärke und die Größe der Frau als Geschöpf Gottes. Auch in Maria, die für uns Katholiken bekanntlich eine so große Rolle spielt, sah er die immer liebende Mutter. Die Muttergottes war für ihn besonders wichtig.

Wenn man beobachtet hat, wie er mit Kindern umging, hätte man ihn sich gut als Vater einer großen Familie vorstellen können.

Letztlich war er das auch, aber eben als Priester und später als Bischof und Papst. Karol Wojtyla war als Studentenpfarrer in den Ferien fast immer mit Familien unterwegs. Im Winter zum Skifahren in der Hohen Tatra, im Sommer in Masuren, dieser herrlichen Seenlandschaft. Er hat mit ihnen gelebt und gezeltet. Um die kommunistische Geheimpolizei nicht unnötig aufmerksam zu machen, nannten ihn die Kinder Wujek, das heißt Onkel. Leute, die damals dabei waren, haben mir erzählt, dass diese Abende für sie unvergleichlich und unvergessen sind. Es wurde diskutiert und diskutiert. Über Familie, über Liebe und natürlich auch über Sexualität. Papst Johannes Paul II. hatte dabei die Gabe, ein Problem immer vor den Augen Gottes zu reflektieren. Er hat zugehört und dann immer gefragt: Wie sieht das Problem von Gott her aus? So hat er unglaublich viel Licht in das natürliche Verhältnis zwischen Mann und Frau gebracht.

Das alles hat sich schließlich in seiner „Theologie des Leibes" niedergeschlagen. Johannes Paul II. hat darüber zwei Jahre lang in seinen Mittwochaudienzen im Vatikan doziert. Ich war einmal dabei. Eine Ansprache dauerte immer rund 20 Minuten. Menschen aus der ganzen Welt hörten zu, Amerikaner und Israelis, Deutsche und Franzosen, Koreaner und Australier. Später wurden die Audienzen als Buch herausgegeben. Ich bedaure sehr, dass die Medien sich dafür kaum interessiert haben. Aber es passt möglicherweise nicht in das Klischee, das es von der katholischen Kirche im Zusammenhang mit Sexualität gibt.

Mir hat beim Verstehen das Buch „Theologie des Leibes für Anfänger" von Christopher West sehr geholfen.

Ja. Christopher West ist ein hochsensibler Theologe, und er ist Ehemann. Er hat die Theologie des Leibes in seinem Buch in einer umwerfenden Weise übersetzt. Seine Kernthese ist, dass die Leiblichkeit ein Geschenk Gottes und ein wichtiges Element unseres Glaubens ist. Mich hat dieses Buch als Priester und Bischof in meinem Glauben ungemein bereichert.

Ich habe in seinem Buch gemerkt, mit welcher Sensibilität über Sexualität gesprochen werden kann und wie schön sie sein kann, wenn sie eben nicht vom Schöpfungsakt getrennt wird. Trotzdem wird der Kirche oft vorgeworfen, dass sie leibfeindlich ist. Aber genau das Gegenteil ist der Fall.

Natürlich. „Das Wort ist Fleisch geworden!", heißt es im Prolog des Johannes-Evangeliums – eine der zentralen Stellen der Heiligen Schrift. Auf die Liebe zwischen Mann und Frau bezogen heißt das: Die Hingabe zwischen zwei Menschen ist eine geistige Realität, sie ist Logos. Aber diese geistige Realität wird Fleisch, nämlich im Kind. Eltern können also sagen: „Unsere Liebe ist Fleisch geworden: In unserem Thomas, in unserer Elisabeth, in unserer Katharina. Wir haben ein Kind, weil wir uns lieben und uns einander geschenkt haben, deshalb ist jetzt ein Dritter zwischen uns da.“

Warum wird der Kirche nicht abgenommen, dass sie eigentlich eine positive Einstellung zur Sexualität hat?

Weil die Sexualmoral der Kirche unbequem ist. Möglicherweise argumentiert sie auch nicht immer besonders geschickt. Und sie hat vielleicht lange Zeit die Akzente nicht deutlich genug gesetzt: Bei der Diskussion um die Koppelung der Sexualität an die Weitergabe des Lebens hat sie lange den Akzent zu sehr auf die Weitergabe des Lebens gelegt. Dabei ist die Sexualität als solche in ihrer Würde zu wenig in den Blick gekommen.

Wie meinen Sie das?

Ich kann hier natürlich nicht die ganze Moraltheologie der katholischen Kirche zu diesem Thema ausbreiten, aber ich will – zugegebenermaßen vereinfachend – ein paar Dinge dazu sagen. Es gab früher in der Moraltheologie die Unterscheidung zwischen „finis primarius“ und „finis secundarius“. „Finis primarius“, der Primärzweck, war nach damaliger Auffassung die Weitergabe des Lebens. Der Sekundärzweck war die Weitergabe der Liebe.

In der Praxis aber ist, wenn man überhaupt noch davon reden will, der Primärzweck einer Ehe die gegenseitige Liebeshingabe, die sich in der Sexualität ausdrückt. Der Sekundärzweck, der nicht weniger wichtig ist, ist das Kind als Konsequenz aus der Liebeshingabe. Mein Professor in Moraltheologie hat deshalb gesagt: „Wenn junge Menschen sich zusammentun und sich körperlich schenken, denken sie nicht an ein Kind, sondern geben sich der Freude hin, dass ihre Liebe diesen körperlichen Ausdruck finden kann. Das Kind steht nicht im Vordergrund. Aber es wird ausdrücklich nicht ausgeschlossen!" So ist es richtig. Die Kirche musste darauf reagieren, sie musste das in die Reflexion zu diesem Thema einbringen. Das hat sie getan.

Gibt es nicht auch noch einen dritten Aspekt: Ich habe mal gehört, dass die Ehe auch ein Hilfsmittel gegen die rein körperliche Begierde sei. Die Sicht der Kirche auf Sexualität ist schließlich auch nicht uneingeschränkt positiv.

Ich weiß, worauf Sie hinauswollen. Aber hier müssen wir aufpassen, dass wir uns nicht eine pessimistische Sicht der Sexualität zu eigen machen, die mit der Ehelehre der Kirche nichts zu tun hat. Thomas von Aquin hat darauf hingewiesen, dass die Vereinigung der Eheleute auch ein Symbol ist für die Vereinigung Christi mit der Kirche. Einen Beleg dafür finden Sie in der schon einmal zitierten Stelle aus dem Epheserbrief, wo der Apostel Paulus schreibt: „Darum wird der Mann Vater und Mutter verlassen und sich an seine Frau binden, und die zwei werden ein Fleisch sein. Dies ist ein tiefes Geheimnis; ich beziehe es auf Christus und die Kirche."

Thomas von Aquin geht nun sogar noch weiter. Er sagt: Wie bei den anderen Sakramenten auch, wird bei der Ehe eine geistliche Wirklichkeit durch äußerliche Handlungen ausgedrückt; bei der Ehe ist das die körperliche Vereinigung zwischen Mann und Frau. Sie ist das größte leibliche Signal für die tiefe Hingabe sich liebender Eheleute zueinander. Und sie steht zugleich für die Treue Christi zu seiner Kirche. Deswegen gehört diese Hingabe in die Ehe, und deswegen ist dieses Sakrament unauflöslich.

Was ich damit sagen will: Die Sexualität befähigt die Menschen zu dieser Hingabe, und sie ist ein hohes Gut. Als einer der stärksten menschlichen Triebe ist sie aber auch besonderen Anfechtungen ausgesetzt. Deswegen gehört sie in einen Rahmen, in eine Ordnung, die dieses hohe Gut vor Missbrauch und vor dem Verlust der Würde schützt. Dieser Rahmen ist die Ehe. Sie ist das von Gott geschenkte Gefäß für ein kostbares Gut.

„Natürliche Empfängnisregelung ist möglich"

FÜRSTIN GLORIA: *Ich bin in den 70er Jahren groß geworden. Damals wurde Sexualität so verbilligt feilgeboten, dass meine Reaktion darauf war: „Ich will damit überhaupt nichts zu tun haben, ich heirate nicht, ich habe Angst vor Männern, ich laufe weg."*

Heute wird von der 68er-Generation behauptet, dass das Rad in mancher Hinsicht zurückgedreht wurde, dass die heutige Gesellschaft wieder „sexuell unfreier" geworden ist. Das wird dann daran festgemacht, dass es keine Kommunen mehr gibt, in denen Männer, Frauen und Kinder den ganzen Tag nackt durch die Gegend laufen.

Diese Einschätzung teile ich nicht, ganz im Gegenteil.

Was in den 70ern noch als Provokation galt, schockiert heute niemanden mehr. Doch was bedeutet das wirklich? Ist Sexualität normal geworden in dem Sinne, dass die Menschen aufgeklärt, offen und verantwortlich ihre Sexualität leben? Mir scheint das leider nicht der Fall. Sex ist allgegenwärtig, überall verfügbar. Nahezu jedes Konsumgut kann mit Nacktheit und dem Versprechen auf sexuelle Lust beworben werden. Fernse-

hen am Nachmittag ist dem Nachtprogramm zum Verwechseln ähnlich – erzeugt das nicht gerade Überdruss?

Ich glaube, dass die sexuelle Revolution eine der erfolgreichsten Revolutionen der Menschheitsgeschichte war – ich fürchte aber, mit zweifelhaftem Erfolg. Denn treten Revolutionen nicht an, um die Freiheit zu befördern? Stattdessen sind wir nahezu total vom Sex beherrscht.

Die Kirche hat davor gewarnt, Sexualität von Liebe zu trennen, und sie hat auch davor gewarnt, sexuelle Lust von der Fruchtbarkeit zu trennen. Aber diese Botschaften sind in der Öffentlichkeit nie so gehört worden.

Mit ihrer Haltung stößt sie immer wieder auf heftige Kritik. Ständig wird sie beargwöhnt, sie gönne den Menschen die Lust nicht oder sie wolle ihnen den Spaß am Leben nehmen oder sie wäre schlichtweg unpraktisch. Können Sie nachvollziehen, dass viele Menschen die Position der Kirche nicht verstehen?

KARDINAL MEISNER: Ich weiß um die Schwäche von uns Menschen, und ich weiß, dass wir an hohen Idealen scheitern können. Das weiß die Kirche übrigens als Lehrerin der Völker seit 2000 Jahren ganz gut. Aber dass der große Gedanke hinter der Haltung der Kirche nicht verstanden wird, das will mir nicht in den Kopf. Ich glaube, es ist unbestritten, dass es im Zusammenhang mit der Sexualität schwere Abstürze gibt und dass diese Abstürze häufig vorkommen – von der Sexparty bis hin zur Prostitution, mit allem damit verbundenen Leid. Seltsamerweise werden solche Abstürze und Zustände in der heutigen Zeit aber immer weniger kritisiert und sogar als normal angesehen, während die Haltung der Kirche aufs Schärfste verurteilt und von manchen sogar als menschenverachtend bezeichnet wird. Sie macht sich doch keinen Sport daraus, möglichst viele Verbotsschilder aufzustellen, sondern sie will, dass die Menschen ein glückliches Leben führen. Das bedeutet, im Einklang mit

Gott zu leben. Dabei behält sie ganz fest im Blick, dass der Mensch Leib und Seele ist. Wenn es ihm also gut gehen soll, muss er ganzheitlich leben.

Leider wird dieses Gutgehen oft mit Hemmungslosigkeit gleichgesetzt. Das gilt zunehmend als normal, nach dem Motto: „Ich nehme jetzt in meinem Leben so viel mit, wie ich kriegen kann." Die Kirche wird dann natürlich als besserwisserischer Störenfried beschimpft. Dabei hätte sie so viel zu einem gelingenden Leben zu bieten. Ihre Botschaft wird aber von vielen leider erst einmal als etwas verstanden, was den Menschen einschränkt. Dabei ist genau das Gegenteil der Fall.

Und noch ein Gedanke: Wir sprechen doch heute so viel von der Bewahrung der Schöpfung – und das mit Recht, denn wir können nicht so weitermachen wie bisher. Aber ich frage: Wie kann jemand, der seinen Mikrokosmos nicht in Ordnung hält, also das Verhältnis zu seinem eigenen Leib und zu den Menschen in seiner unmittelbaren Umgebung, wie kann der den großen, weiten Makrokosmos in Ordnung bringen? Das gehört doch zusammen, wenn wir die Schöpfung bewahren wollen.

Ich denke mir das oft, wenn es um Abtreibung geht: Wenn irgendein Tier, vielleicht sogar in einem Zoo, seine Jungen tötet, dann gibt es einen großen Aufschrei. Und was machen wir zu Hunderttausenden mit unseren Kindern jedes Jahr? Oder bei der Verhütung: Auf der einen Seite sorgen sich die Menschen um eine gesunde Ernährung, um ein ganzheitliches Lebensgefühl, und dann lassen sie ganz schwerwiegende Eingriffe in ihren Körper zu. Das ist bei Schönheitsoperationen so und auch bei bestimmten Verhütungsmitteln wie der Pille. Die Pille ist doch das Unnatürlichste der Welt. Gleichzeitig schreien wir nach natürlichem Waldanbau und nach dem Schutz von Kröten. Das ist doch schizophren! Ich werde es nie begreifen!

Hier müssen wir noch viel mehr Aufklärung leisten. Zum Beispiel über die natürliche Familienplanung, die selbstverständlich möglich ist und die auch der Würde des Menschen entspricht. Als das Erzbistum Köln vor ein paar Jahren seine Schwangerenberatung umgestellt hat, haben wir eine neue Organisation geschaffen mit Namen „Esperanza" – „Hoffnung". Die Frauen dort kümmern sich nicht nur um Schwangere, die in Not sind, sondern machen auch eine ganz hervorragende Beratungsarbeit, zum Beispiel in den Schulen. Sie sprechen dort auch über natürliche Empfängnisregelung, durch die die Chemiekeule überflüssig würde. Sie bringen Eheleute mit, die über ihre Erfahrungen berichten. Aufklärung ist eben auch so möglich.

Ich halte es für sehr wichtig, dass Eltern mit ihren Kindern darüber ausführlich sprechen und nicht sagen: „Macht das mal, wie ihr wollt", oder sie einfach zum Frauenarzt schicken, der dann 14-jährigen Mädchen die Pille verschreibt. Ich habe mit meinen Töchtern immer wieder über die gesundheitsschädigenden Auswirkungen der Antibabypille gesprochen und sie inständig gebeten, das Zeug nicht zu schlucken. Als Mutter oder Vater muss man gerade in diesen Fragen viel Liebe und Verständnis aufbringen, aber auch versuchen, dagegenzuhalten. Die Versuchung lauert hinter jeder Ecke.

Wie meine Kinder heute damit umgehen, weiß ich nicht. Sie kennen meine Haltung, und die versuche ich konsequent zu leben, mehr kann ich nicht tun. Als Mutter muss ich auch lernen, loslassen zu können. Jeder Mensch ist frei, sich für die Gebote oder gegen sie zu entscheiden.

Für viele Frauen ist der Weg aber nicht so geradlinig. Viele finden vielleicht einen interessanten Mann, der eventuell als Vater völlig ungeeignet ist. Die Pille erscheint da als eine sichere und einfache Lösung. Hinzu kommt der nicht zu unterschät-

*zende Druck der Gesellschaft. Sie definiert, was „normal" ist,
und jungen Menschen fällt es enorm schwer, als „nicht normal"
zu gelten.*

*Dennoch habe ich gerade bei jungen Leuten folgende Beob-
achtung gemacht: Sie sammeln erst einmal Erfahrungen und erkennen später, dass das, was die Kirche sagt, gar nicht so falsch
ist, wie ursprünglich angenommen. Sie merken, dass die Gebote
nicht dazu da sind, um sie einzuschränken und zu gängeln, sondern im Gegenteil: um sie freier zu machen. Die Antibabypille
ist aber nun fast 50 Jahre auf dem Markt und das am meisten
verwendete Verhütungsmittel. Wie stehen Sie heute dazu?*

Die Pille hat einen Kulturbruch gebracht mit ungeahnten Folgen. Nehmen Sie nur das demographische Desaster, vor dem
wir stehen. Natürlich ist ein Grund dafür die Pille! Ich schätze
Helmut Schmidt sehr. Als er Bundeskanzler war und ich Bischof in Berlin, haben wir uns zweimal im Jahr in West-Berlin
getroffen. Heute gibt er zu, die demographischen Probleme
hätte er schon in seiner Kanzlerschaft beachten müssen. Es
habe aber damals kurzfristige Probleme gegeben, die scheinbar
wichtiger waren. Der Einzige, der damals weiter gesehen hat,
war ein alter Mann in Rom: Papst Paul VI. Ich habe noch eine
Karikatur aus dieser Zeit. Sie zeigt den Papst auf seinem Stuhl,
wie er mit einer Peitsche auf die Menschen einschlägt. Gemeint
war seine Haltung zur Pille.

*Papst Paul VI. veröffentlichte im Jahr 1968 eine lange erwartete
Enzyklika, „Humanae vitae". Darin stellte er unmissverständ-
lich klar, dass Katholiken die Pille als Verhütungsmittel nicht
benutzen dürfen. Stand der Papst mit dieser Haltung auch in
der Kirche alleine da?*

Viele Bischöfe dachten damals, die Pille könnte verantwortungsvoll gebraucht werden. Ich erinnere mich, dass zum Beispiel der Münchner Erzbischof Kardinal Döpfner mit der Enzyklika „Humanae vitae" so nicht gerechnet hat. Es hatte im Vorfeld natürlich Gespräche gegeben, der Papst hatte Kardinäle und Experten konsultiert, um sich eine Meinung zur Pille zu bilden. Schließlich hat er dann dagegen entschieden.

Soweit ich weiß, haben die deutschen Bischöfe das „Nein" aus Rom zur Pille in ein „Jein" verwandelt, weil sie davon ausgingen, dass sich die wenigsten Katholiken daran halten würden. Wenn man ehrlich ist, gibt es heute auch nur sehr wenige Katholiken, die sich daran halten.

Die deutschen Bischöfe haben damals einen Fehler gemacht. Das sehe ich ganz klar so. Letztlich, so hieß es damals in der „Königsteiner Erklärung", entscheide in dieser Frage das Gewissen der gläubigen Eheleute. Dabei müssen sie sich zwar am Lehramt orientieren. Aber im Grunde wurden die Gläubigen mit ihren Gewissen alleine gelassen. Denn genau diese Orientierung blieb ja aus. Dadurch haben die Bischöfe in dieser Frage die Führung aufgegeben.

Wem sollten Katholiken in dieser Frage nun folgen? Ihrem Gewissen – oder dem Papst?

Die Alternative ist falsch. Mein Gewissen muss gebildet sein, damit es recht urteilen kann. Das Lehramt – hier vertreten durch den Papst – verhilft zu einem gebildeten Gewissen. Dem Lehramt können wir als gläubige Menschen vertrauen, weil ihm von Christus der Beistand des Heiligen Geistes zugesagt worden ist. Eine der verhängnisvollsten Wirkungen der sogenannten „Königsteiner Erklärung" ist dieses Gegenüberstellen von Gewissen und Lehramt. Das Lehramt dient der Bildung des Gewissens. Hier müsste meines Erachtens von den Bischöfen eine Korrektur erfolgen.

„Sünde ist immer verratene Liebe"

FÜRSTIN GLORIA: *Viele Menschen haben heute Probleme mit Begriffen wie Sünde, Teufel oder Hölle. Sie kämen aus dem finsteren Mittelalter, in dem die Kirche damit angeblich Macht über die Menschen ausgeübt, ihnen Angst und ein schlechtes Gewissen gemacht hätte. Sie werden als Krämerglaube leicht abgetan. Wie erklären Sie einem Menschen des 21. Jahrhunderts, was Sünde ist?*

KARDINAL MEISNER: Sie haben schon einen guten Zugang durch das Wort. Für mich klingt Sünde nach „sondern", „absondern". Mit der Sünde begehe ich einen Bruch. Nehmen wir als Beispiel die Ehe. Jesus sagt: „Wer eine Frau auch nur lüstern anschaut, hat in seinem Herzen schon Ehebruch begangen." Das heißt: Ich habe einen Bund vor Gott und mit Gott geschlossen. Aber nun schere ich aus der Verbundenheit, aus diesem Bund mit Gott und den Menschen aus. Das ist Sünde.

Möglicherweise ist mit dem Begriff „Sünde" die größte Ablehnung verbunden, die der Kirche entgegenströmt. Viele Menschen fragen: Wie könnt ihr euch anmaßen, andere als Sünder zu bezeichnen oder überhaupt von Sünde zu sprechen? Im Grunde genommen darf nach Auffassung der modernen Welt Sünde eigentlich nicht sein. Sünde ist, wenn man zu viel Scho-

kolade isst. Sie aber sagen, Sünde ist, wenn man sich von Gott abtrennt.

Was der Kirche als Anmaßung vorgehalten wird, ist doch letztlich nur die Feststellung einer allgemeinen Erfahrung, die jeder Mensch selbst immer wieder in seinem Leben macht: Wenn man die Liebe verrät – das nennt die Kirche Sünde. Und Liebe verrät man nicht nur, wenn man seinen Ehepartner betrügt, sondern man verrät sie auch …

… wenn man nur an sich denkt und rücksichtslos gegenüber seinem Nächsten ist.

Genau. Kein Mensch, nicht einmal der einsamste der Welt, ist ohne Beziehungen. Jede Sünde ist eine „Absonderung" von einem Du, die Durchtrennung einer Beziehung. Man wird darum nur verstehen, was die Sünde ist, wenn man das Du, von dem man sich abgesondert hat, erkennt. Dieses Du haben wir nicht nur in der Horizontalen, also unter den Menschen um uns herum, zu suchen, sondern genauso auch in der Vertikalen, also bei Gott.

Aber ich will das noch mal so sagen: Sie haben natürlich recht mit Ihrem Einwand. Viele Menschen sehen heute in einem Vergehen, das wir als Sünde bezeichnen würden, lediglich eine soziologische Störung oder einen Rechtsverstoß, den man mit menschlichen Mitteln reparieren kann. Aber wenn ich sage, dass Sünde immer verratene Liebe ist, wird vielleicht deutlich, dass es um eine viel tiefere Ebene geht. Auf dieser Ebene kann ich ohne Vergebung nicht einfach alles reparieren. Ich muss deshalb die Vergebung von dem erbitten, dessen Liebe ich verraten habe. Und das ist zuallererst Gott.

Sie müssen aber auch immer daran denken, dass die Sünde nicht nur Sünde gegen die Heiligkeit Gottes ist. Ich treffe nicht nur Gott, ich verwunde auch mich selbst. Ich entstelle und zerschlage das Ebenbild Gottes in mir selbst. Die Sünde ist darum in zweiter Linie immer auch eine Minderung der Qualität eines Menschen als Ebenbild Gottes.

Viele machen einen Fehler, indem sie glauben, dass Sünde eine Krankheit sei. Wer krank ist, muss zum Arzt gehen! Wenn ich aber ein Sünder bin, brauche ich nur unter das Kreuz Christi zu treten. Das Kreuz ist der einzige Punkt, wo Sünde in Gnade umqualifiziert wird. Minus in Plus. Das Minus der Welt wird durch Christus am Kreuz in ein Plus gewandelt. Das wird im Bußsakrament an mir spürbar, das wirkt sich bei mir aus. Im Bußsakrament erleben wir die direkte Wirkung des Kreuzesopfers Christi.

Sie haben gerade schon die Beichte erwähnt. Viele schlagen schon die Hände über dem Kopf zusammen, wenn sie nur hören, dass für die Kirche alle Menschen Sünder sind. Ich dagegen halte das für eine sehr realistische Sicht der Welt. Jeder von uns hat seine Schattenseiten, und es ist doch ziemlich anmaßend, das aus dem eigenen Leben auszuklammern. So habe ich das Sakrament der Beichte in den vergangenen Jahren neu entdeckt und lieben gelernt.

Das freut mich natürlich, und gleichzeitig würde ich wünschen, dass es noch viele mehr wären, die Ihre Entdeckung machen. Die Nachfrage muss eigentlich enorm sein, wenn man nur mal sieht, wie viele Menschen heute vor einem Millionenpublikum im Fernsehen ihr Herz ausschütten und über intimste Dinge sprechen. Als Begründung hört man dann von einigen schon mal, sie wollten dem Gesagten mehr Gewicht geben und so zeigen, dass sie zu ihren Fehlern stehen. Manche Talkshow hat etwas von einer öffentlichen Beichte. Nur das Entscheidende eben fehlt. Die Menschen machen ihre Geständnisse vor einem

Publikum, das nur zuhören, aber nicht vergeben kann. In der Beichte offenbare ich mich vor Gott, gebe ich meine Sünden seiner Liebe anheim, und er dreht meine negative Bilanz wieder in ein Plus um. Das ist wahrhafte Entlastung.

Wenn die Leute heute in Zusammenhang mit Katholizismus von Sünde hören, denken sie zuallererst an Verhütung, Bigamie, Homosexualität und Ehebruch. Sind das für die Kirche wirklich die schlimmsten Sünden?

Der Apostel Paulus sagt, die sogenannten „Fleischessünden" seien besonders gefährlich, weil sie nicht nur die Seele, sondern auch den Körper belasten und somit die Leib-Seele-Einheit des Menschen beschädigen. Aber sie stehen nicht an erster Stelle, wenn man das so ausdrücken will.

Im Grunde sind es die klassischen Süchte, die gefährlich für uns Menschen sind: Ehrsucht, Habsucht und Genusssucht. Wenn die Süchte anfangen, mich zu kontrollieren, zerstören sie mich als Mensch. Theologisch kann man das so sehen: Der Mensch transzendiert, das heißt: Er übersteigt sich selbst, wenn er zu Gott hin denkt. Wenn er nicht mehr über sich hinaus-, also vertikal denken kann, dann verbleibt er in der horizontalen Ebene. Er muss dann seinen Ewigkeitshunger, der in ihm ist und ihn eigentlich über sich hinausweisen sollte, mit irdischen Gütern stillen. Doch das führt nie zur Sättigung, sondern hinterlässt das Verlangen nach immer mehr. Das können gefährliche Drogen sein, aber auch irdische Güter, die in sich selbst gar nicht einmal schlecht sind.

Das stimmt. Auch ich habe früher Drogen probiert. Ich wollte einfach wissen, wie die Wirkung ist. Mir war am Anfang gar nicht bewusst, dass ich damit Gott beleidige. Aber es stimmt: Bei mir war es auch ein gutes Stück Langeweile, das mich dazu gebracht hat, Neugierde auf diesem Gebiet zu entfalten. Ich bin früher eben oft auf Partys gegangen, und die sogenannte „Party-Gesellschaft" ist nun mal der Ort, wo man mit Drogen und Alkohol nicht unbedingt zurückhaltend umgeht.

Gott sei Dank bin ich kein Suchttyp. So konnte ich recht bald damit aufhören. Meine Erfahrung ist, dass es Suchtkranke wirklich in allen Milieus gibt. Reiche Leute werden nur nicht so schnell auffällig. Ihr Geld bewahrt sie lange vor dem sozialen Absturz. Sie müssen nicht unbedingt pünktlich zur Arbeit gehen. Und oft haben sie Angestellte im Haus, die sich um sie kümmern und sie so vor der Verwahrlosung bewahren.

Natürlich hat uns der Schöpfer das Essen und das Trinken und ein auch gutes Bier geschenkt. Ich liebe das Wort: „Wer nicht genießt, wird ungenießbar." Wenn Genuss aber zur Sucht wird, zerstört er den Menschen. Unser moderner Trugschluss besteht darin, zu glauben, man müsste in der kurzen Zeit des eigenen Lebens alles auskosten, getrieben von der Angst, dass danach oder darüber hinaus nichts mehr kommt. Das ist die Rechnung ohne Gott. Da bekommen dann die Dinge der Welt den ersten Rang: Geld, Macht, Konsum.

In letzter Zeit kommt noch die Event-Sucht dazu. Ein Erlebnis jagt das nächste. Und wehe dem, der bloß einen langweiligen Erholungsurlaub und keinen durchorganisierten Aktiv- oder Abenteuerurlaub macht. Vielleicht bahnt sich hier eine Wende an, weil wir inzwischen erkennen, wie sehr wir damit die Ressourcen unserer Welt aufbrauchen. Aber ein Mittel gegen die Unruhe und den Hunger nach Erlebnissen ist damit noch nicht gefunden, und deswegen ist das Grundproblem auch nicht gelöst. Zur Ruhe kommen unsere Herzen eben erst – das sagte schon der heilige Augustinus – bei Gott. Zu dieser Erkenntnis müssen wir zurückfinden.

Der Mensch muss Maß halten.

Ja. Gott hat die Welt geschaffen und gesagt, dass sein Werk sehr gut war – auch als er den Menschen geschaffen hat. Er machte aus dem Chaos einen Kosmos. Darum ist der Mensch auch ein Mikro-Kosmos. Indem der Mensch sich mit seinen leiblichen und seelischen Kräften im Gleichgewicht hält, betreibt er wichtigste Kosmetik. Wir Christen glauben, dass wir Menschen immer mehr Zukunft als Vergangenheit und Gegenwart zusammen haben. Egal, wie alt ich bin: Ich habe immer mehr vor mir als hinter mir. Da brauche ich den ganzen lächerlichen Jugendkult nicht mitzufeiern. Was ist denn die Zukunft der Jugend? Das Altern! Was ist die Zukunft des Alters? Das ewige Leben! Der Christ hat eine Ewigkeit Zeit, das Stückwerk des eigenen Lebens vor Gott zu tragen und von ihm erfüllen zu lassen.

Wie beichtet ein Kardinal?

Eigentlich wie bei meiner Erstbeichte vor der ersten Heiligen Kommunion. Ich bin mehr als 45 Jahre Priester. In dieser langen Zeit macht man natürlich seine Erfahrungen bei der Gewissenserforschung. Mittlerweile forsche ich abends nur noch nach einem Punkt: Was ist an diesem Tag Priorität gewesen? War es Jesus Christus? War es jemand oder etwas anderes? Oder war ich es gar selbst? Wenn ich zu dem Ergebnis komme, dass es nicht Jesus Christus war, muss ich schnellstens die Logarithmen meines Lebens wieder in Ordnung bringen.

Ich sage das auch immer meinen Seminaristen: „Stellt euch mal einen Ehemann vor, der beim Abendgebet feststellt, dass dauernd eine zweite Herzensdame in seinen Gedanken ist und die Priorität in seinem Denken und Fühlen einnimmt. Wenn er da nicht schnell Ordnung schafft, wird es eines Tages einen

Bruch geben. So ist es bei uns Priestern auch. Wenn irgendetwas anderes Priorität wird, dann kann Christus gezwungenermaßen nur noch sekundär sein. Und das wäre ein Skandal für einen Priester." Also muss auch ich jeden Abend Ordnung schaffen, damit Christus meine Priorität bleibt.

Sie sind ein vielbeschäftigter Mann und haben von morgens bis abends Termine. Wie oft kommen Sie abends zu dem Urteil: Jesus Christus hat nicht die Hauptrolle gespielt?

Oh, das kommt leider häufig vor. Nach Predigten zum Beispiel muss ich mich oft fragen: Habe ich es so gesagt, dass das Wort des Herrn ankommt? Oder habe ich mich von anderem leiten lassen? Ich muss mir jede Predigt erst selbst halten, bevor ich vor Menschen hintrete. Der Apostel Paulus spricht von der Möglichkeit, selbst verlorengehen zu können, obwohl man anderen die Gebote gepredigt hat. Der Prediger kann also schnell selbst vom Weg abkommen, oft sogar ohne es richtig zu merken.

In der berühmten Benediktinerabtei Pannonhalma in Ungarn ist im Kreuzgang die berühmte Regel des heiligen Benedikt dargestellt. Man sieht dort eine große Säule, die am Einstürzen ist. Sie kippt. Auf den ersten Blick erkennt man gar nicht den Grund dafür. Aber dann sieht man unten am Schaft ein kleines weißes Mäuschen, das am Fundament knabbert. Das heißt: Ein Mäuschen kann die Basis einer großen Säule wegnagen. Das dauert natürlich sehr lange, aber mit der Zeit bröckelt immer mehr weg, und irgendwann stürzt das ganze Haus ein.

Darum bete ich jeden Tag: Gott, erhalte mir die erste Liebe zu Christus! Ich meine damit diese geistliche Frische, diese Verliebtheit in den großen, den großartigen Gott, bei dem man an gar kein Ende kommt in seiner Bewunderung. Allein, dass er mich ins Dasein gerufen hat!

Es gibt natürlich auch Tage, an denen man am liebsten vor sich selber weglaufen möchte, wenn man in den Spiegel schaut. Aber der glaubende Mensch kann dann immer sagen: Es gibt keinen Grund, vor sich selbst wegzulaufen. Denn Gott hat dich gewollt. Und weil das so ist, muss doch auch noch etwas Positives an dir dran sein. Menschen lieben jemanden häufig um eines bestimmten Gutes willen: Schönheit, Liebreiz, Esprit und anderes. Gott ist unendlich viel großzügiger. Er liebt jeden Menschen vor irgendeiner Leistung, er liebt ihn um seiner selbst willen. Deswegen entzieht er seine Liebe auch nicht, wenn der Mensch seine Schönheit verliert, seinen Humor oder gar seinen Verstand. Aus der Liebe Gottes kann man nicht herausfallen.

In Bezug auf die Gewissenserforschung, von der wir eben sprachen, bewegt mich immer wieder folgender Gedanke: Der Schlaf ist auch ein Symbol des Sterbens. Für die Gewissenserforschung bedeutet das: Schlafe jetzt so ein, dass du auch hinüberschlummern kannst ins Himmlische Jerusalem. Versuche, dass nichts mehr zwischen dir und irgendeinem Mitmenschen steht, wenn du schlafen gehst.

Das ist also so etwas wie eine kleine Beichte?

In gewisser Weise ja. Die richtige Beichte fällt auch leichter, wenn man jeden Abend diese Gewissenserforschung übt. Ich gehe alle vier Wochen beichten. Immer, wenn mein Kaplan mir im Dezember meinen Terminkalender für das neue Jahr gibt, trage ich als Erstes die zwölf Beichttermine ein. Glauben Sie mir: Vor jedem Beichttermin kommt so viel Unvorhergesehenes und vermeintlich Wichtiges dazwischen, was mich guten Gewissens immer vom Beichten abhalten könnte, aber die festgesetzten Termine helfen mir dagegen. Komme, was da kommen mag: der Beichttermin bleibt.

Interessant.

Ja. Der Teufel weiß schon, wie er einen fangen kann. Der heilige Philipp Neri hat immer gesagt: „Herr, misstraue dem Philipp!" So muss auch ich zu mir selbst sagen: „Misstraue dem Joachim!"

Was ist denn mit den „kleinen Sünden", etwa, wenn ich schwindle, um einer unangenehmen Situationen auszuweichen? Wenn ich eine Ausrede finde, weil ich zum Beispiel keine Lust habe, zu einem Abendessen zu erscheinen. Sind das lässliche Sünden?

Natürlich gibt es lässliche Sünden. Aber das heißt nicht, dass wir sie vernachlässigen. Aus manchen dieser vermeintlichen Kleinigkeiten können Gewohnheiten werden, die unser Wertesystem langsam, aber sicher verrücken und uns den Blick trüben. Denken Sie an die einstürzende Säule auf dem Bild in Pannonhalma, von der ich eben sprach. Schauen Sie, die Lüge verdirbt immer auch den Menschen selbst. Auch dann, wenn ich keinem anderen Menschen schade. Ich habe das in der DDR erlebt. Wie oft mussten da die Kinder lügen!

Ein kleines Beispiel: Damals durfte niemand West-Fernsehen schauen. Das DDR-Fernsehen zeigte vor den Hauptnachrichten eine anders aussehende Uhr als das Fernsehen aus der Bundesrepublik. Um also herauszufinden, wer zu Hause das West-Fernsehen angeschaltet hatte, fragten manche Lehrer die Kinder: „Welche Uhr hast du im Fernsehen gesehen?" Sie haben „DDR-Uhr" geantwortet, obwohl sie natürlich West-Fernsehen angeschaut hatten. Die Kinder haben also gelogen, weil sie sich ausrechnen konnten, was ihnen und ihren Familien eine ehrliche Aussage eingebracht hätte. Aber dass sie in eine solche Situation gezwungen wurden, das ist das Schreckliche

dabei. Bereits in jungen Jahren mussten sie sich das Versteck-
spielen und Misstrauen angewöhnen.

Aber es hatte einen höheren Zweck.

Solche Erfahrungen, wie ich sie beschrieben habe, hinterlassen
trotzdem innere Verletzungen und demontieren das Bild Gottes im Menschen, erst recht in einem ganz jungen. Darum ist
es verheerend, wenn ein politisches System seine Bürger zum
Lügen zwingt.

„Werte können nur aus der Wahrheit kommen"

FÜRSTIN GLORIA: *Aber wie erkenne ich überhaupt, was böse
ist? Dafür brauche ich doch erst ein Gewissen! Aber das Gewissen ist relativ. Wenn ich in einer anderen Kultur als der abendländischen aufgewachsen bin, habe ich doch eine ganz andere
Gewissensbildung als ein Christ. Einige Urvölker haben noch
heute Tier- oder sogar Menschenopfer! Sie sehen das aber gar
nicht als etwas Böses an. Ihr Gewissen sagt ihnen möglicherweise, dass es gut ist, was sie tun.*

KARDINAL MEISNER: Das Gewissen kann keine Normen vor-
geben. Es produziert auch keine Werte. Es braucht vielmehr
Werte, an denen es sich normiert. Was aber sind diese Werte?
Sie können letztlich nur aus der Wahrheit heraus kommen.
Was aber ist die Wahrheit? Wir Christen glauben, dass sie
von Gott kommt und uns in Gottes Offenbarung geschenkt
wird.

Nun besitzt jeder Mensch schon von Natur aus eine vorgegebene Gewissensnorm, in der er weiß, dass er das Gute tun und das Böse meiden soll. Was aber Gut und Böse ist, kann – wie Sie schon gesagt haben – kulturell völlig unterschiedlich sein. Das bedeutet aber nicht, dass alles auch gleich wahr wäre.

Für bestimme Völker mag es normal sein, Menschen zu opfern. Sie tun das innerhalb ihres Rechts- und Ritussystems nicht willkürlich. Aber so konsequent es auch in ihrer Weltauslegung sein mag, ist es für einen Christen unannehmbar, denn es verstößt gegen das Gebot: Du sollst nicht töten! Menschenopfer ist in unserer Wahrnehmung eine falsche Norm, weil sie unwahr ist.

Wobei aber die Ureinwohner von diesem Gebot noch nie etwas gehört haben …

… und deshalb behält auch das irrige Gewissen seine Würde. Nach seinem objektiv irrigen Gewissen muss der Mensch sich richten, solange er es nicht besser weiß. Aber das ist kein Freibrief, sondern das ist der Grund, weshalb Gewissensbildung eine der höchsten Pflichten ist, die gerade Eltern gegenüber ihren Kindern haben und die jeder Mensch sein Leben lang hat: Lernen, was Gut und was Böse ist. Auf dem Gebiet des menschlichen Lebens sehen wir heutzutage besonders deutlich, wie versucht wird, die Gewissen schon der Kinder zu verwirren. Die Folgen sind dramatisch, denn Kinder haben ein besonders ausgeprägtes Gewissen. Mit drastischen Worten hat Jesus all diejenigen gewarnt, die die Gläubigen verwirren: „Wer einen von diesen Kleinen, die an mich glauben, zum Bösen verführt, für den wäre es besser, wenn er mit einem Mühlstein um den Hals im tiefen Meer versenkt würde." Der Satz gilt erst recht mit Blick auf die Kinder.

Das bestärkt mich immer darin, die Gewissensbildung gerade bei Kindern anzumahnen. Der erwachsene und reife Mensch muss also zum Beispiel wissen, dass ein Mensch zu existieren beginnt, sobald weibliche Eizelle und männliche Samenzelle verschmelzen. Wenn man uns das heute ständig ausreden will, verlieren wir jegliches Gespür für den Wert menschlichen Lebens überhaupt, und die tiefgreifenden Auswirkungen werden überall sichtbar: in den Familien ebenso wie in der Medizin und in der Forschung.

Stimmt es eigentlich, dass wir nach christlichem Verständnis im Grunde genommen alle mitschuldig sind an dem, was an Negativem passiert auf der Welt?

Ganz richtig, das sind wir. Die Kirche ist der Leib Christi. Wenn ein Glied leidet, wenn ich also praktisch zum Aderlass werde für den Leib Christi, dann hindere ich alle in ihrer geistlichen Vitalität. Das ist nicht irgendeine Erfindung von mir, sondern geistliche Realität. Deswegen hat die Sünde immer auch eine ekklesiale, also kirchliche Dimension. Das ist nicht nur ein Ereignis zwischen mir und dem Lieben Gott, sondern zugleich ein Ereignis unter den Christen. Deswegen muss ich meine Sünden der Gemeinschaft der Gläubigen, und das ist die Kirche, beichten, um vor Gott Vergebung zu erhalten. Denken Sie nur an die berühmte Geschichte im Johannes-Evangelium, in der Pharisäer die beim Ehebruch ertappte Frau zu Jesus bringen. Da bückt er sich nieder und schreibt etwas in die Erde. Als er aufblickt, sind alle weg. Dann sagt er zu der Frau: „Hat dich keiner verurteilt? Auch ich verurteile dich nicht. Geh und sündige von jetzt an nicht mehr." Das ist praktizierte Beichte!

Also aus Solidarität für uns als kirchliche Familie?

Ja. Wir Christen sagen: Es gibt den Menschen nicht ohne andere Menschen. Allein schon dafür, dass ich auf der Welt bin, brauche ich zumindest meine Eltern. Und es gibt auch nicht den Christen ohne den Mitchristen. Ich kann mich bekanntlich nicht selbst taufen. Auch unser Gott ist kein einsamer Gott, unser Gott ist trinitarisch. Er ist, wenn Sie so wollen, eine Familie. Diese Dimension der Gemeinschaftlichkeit ist also in uns schon von Gott her angelegt. Und darum treffe ich mit jeder Sünde auch die Schwester oder den Bruder neben mir.

Der evangelische Theologe Dietrich Bonhoeffer hat dazu wunderschöne Gedanken niedergeschrieben. Auch er hat betont, dass Sünde keine Privatsache ist. Waren Sie schon einmal auf dem Ettersberg in Weimar, wo das KZ Buchenwald stand?

Nein, noch nicht.

Es ist einer der erschütterndsten Orte, die ich kenne. Auf dem Appellplatz stand die Goethe-Buche, unter der Deutschlands größter Dichter den Humanismus formuliert hat: „Edel sei der Mensch, hilfreich und gut." 150 Jahre später stand genau dort ein KZ. Da wissen Sie, wovon ich spreche.

„Edel, hilfreich und gut" – wer will das nach Auschwitz noch behaupten, wo der Mensch seine ganze Unmenschlichkeit bloßgelegt hat? Nur Gott ist menschlich, in seinem Sohn Jesus Christus ist er gott-menschlich. Deshalb müssen wir über Gott reden! Denn der Mensch, der nur sich als letzte Instanz akzeptiert und nichts und niemanden über sich, der stürzt ab.

Mir kommt dabei immer ein Satz in den Sinn, der allgemein dem österreichischen Literaten Franz Grillparzer zugeschrieben wird: Humanität ohne Divinität ergibt Bestialität – Menschlichkeit ohne Göttlichkeit endet in Unmenschlichkeit.

Gerade im letzten Jahrhundert haben wir reichliche Belege dafür bekommen. Wenn also Sünde Absonderung von Gott, Beleidigung Gottes bedeutet, so ist es nur logisch, ihm das zu bekennen und seine Vergebung zu erbitten.

„Wir sind frei, zu Gott Ja oder Nein zu sagen"

FÜRSTIN GLORIA: *Meine Kinder fragen mich häufig: Woher kommt das Böse? Warum lässt Gott das Böse zu? Dann antworte ich immer: Der Liebe Gott will, dass wir frei sind. Wir müssen aus freien Stücken Nein zum Bösen und Ja zum Guten sagen. Trotzdem bleibt die Frage: Warum gibt es das Böse?*

KARDINAL MEISNER: Das ist das Theodizee-Problem, also die Frage, wie Gott das Leid der Welt zulassen kann. Die Frage nach dem Bösen ist noch relativ leicht zu beantworten. Aber die großen Naturkatastrophen, die urplötzlichen Todesfälle – warum lässt Gott die zu? Das ist für mich die drängendste Frage! Und da muss ich Ihnen sagen: Ich weiß, dass es bei Gott keine Betriebsunfälle gibt. Aber manchmal muss ich mein Herz in beide Hände nehmen und sagen: „Herr, ich glaube! Aber hilf meinem Unglauben." Das war auch so, als mit 58 Jahren Wolf Ulrich Bachbauer starb. Er war Pfarrer von Altomünster in Bayern, wo die einzigen Birgittinnen des ursprünglichen Ordens in Deutschland leben. Bachbauer war wirklich ein richtiger Pfundskerl, ein „homo catholicus". Er war in einer ganz besonderen Gemeinde tätig und den Klosterschwestern ein Vater. Er ist darin wohl unersetzbar. Dann, eines Morgens, stand er auf, fiel um und war tot. Herzinfarkt.

Aber das ist doch auch ein sehr schöner Tod.

Ein jäher Tod, würde ich sagen. Es ist nicht unbedingt das, was man früher einen guten Tod genannt hätte. Kein langes Leiden, aber eben auch keine Vorbereitung. Ich weiß auch nicht, ob man in diesem Alter schon vorbereitet ist auf den Tod. Da verstehe ich Gott manchmal nicht! Aber das spricht nicht gegen ihn, sondern für ihn. Er passt in mein Hirn nicht hinein.

Mit der Kategorie des Bösen in der Welt komme ich dagegen etwas leichter zurecht. Wenn Gott es gewagt hat, irdische Ebenbilder seiner selbst zu erschaffen, muss er ihnen natürlich die Kategorie der Freiheit mitgeben. Sonst wären wir keine Ebenbilder Gottes. Der Mensch verwirklicht seine Gottebenbildlichkeit nur in der Liebe, und Liebe geschieht nur in Freiheit.

Mit der Freiheit aber ist in der Dimension des Irdischen automatisch auch inbegriffen, dass ich mich für das Böse entscheiden kann. Wenn Gott sein Geschöpf mit Freiheit ausstattet, geht er auch das Risiko mit ein, dass es sich auf die Seite des Bösen schlägt. So wie es Adam und Eva im Paradies getan haben.

Oder die Engel.

Ja. Die christliche Tradition nennt den Teufel Luzifer und leitet seinen Namen vom lateinischen Wort „lux" ab. Das ganze Wort bedeutet „Lichtträger". Luzifer ist der blendendste und zugleich der geblendetste Engel. Da er ein Geschöpf Gottes ist, ist sein Sein an sich gut, aber er ist ein Geschöpf, das sich gegen Gott entschieden hat. Er ist nun reine negative Wirklichkeit geworden.

Die Scholastiker im Mittelalter haben sich sehr viele Gedanken über das Wesen des Menschen und der Engel gemacht. Bei ihnen gibt es eine sehr schöne Erklärung über den Unterschied zwischen Menschen und Engeln: Der Mensch ist, wenn er ins Leben tritt, sozusagen ein weißes Blatt voller Möglichkeiten mit ganz wenigen Wirklichkeiten. Unser Leben besteht darin, unsere Möglichkeiten in Wirklichkeiten zu übertragen. Je mehr Möglichkeiten der Mensch während seines Lebens in positive Wirklichkeiten umsetzt, desto heiliger ist er.

Die Engel hatten nur eine einzige Möglichkeit, zu Gott Ja oder Nein zu sagen. Damit ist ihnen die Möglichkeit verwehrt, rückfällig oder bekehrungsfähig zu werden. Genauso war es mit Luzifer: Er hat seine einzige Möglichkeit zum Negativen verwirklicht. Und auch er hat keine Möglichkeit mehr zur Revision. Wir Menschen haben dagegen die große Chance dazu, weil unsere Möglichkeiten, solange wir leben, nicht ausgeschöpft sind.

Wir beklagen heute, dass junge Leute sich so schwertun, Entscheidungen zu treffen. Soll ich heiraten oder nicht? Soll ich Priester werden oder nicht? Soll ich in einen Orden gehen oder nicht? Der Grund für diese Schwierigkeit ist ganz einfach und sehr menschlich: Jede Entscheidung bedeutet den Tod vieler anderer Möglichkeiten. Wenn jemand Priester wird oder Ordensschwester, bricht er oder sie alle Brücken zur Ehe ab. Genauso ist es mit der Ehe: Mit der Hochzeit bricht man alle Brücken ab zu anderen Partnern.

Heute aber wollen die Menschen sich alle Optionen offenhalten, um dies und jenes noch zu tun. Deshalb tun sie sich so schwer, endgültige Entscheidungen zu fällen. Ich will das gar nicht verharmlosen. Das ist keine leichte Situation für den Menschen: Er soll sich immerzu entscheiden, denn nur in der Entscheidung spürt er seine Freiheit und verwirklicht sie. Wenn aber eine Entscheidung wirklich ist, schließt sie alle anderen Möglichkeiten aus. Das ist Leben. Wenn der Mensch also der Entscheidung ausweicht, dann entzieht er sich gleichsam dem Leben.

Und das ist auch das Gefährliche, weil man vor lauter Möglich-
keit nichts in Wirklichkeit verwandelt. Aber wir sollen Wirk-
lichkeit werden, so viel wie möglich. Und falsche Entscheidun-
gen können wir, Gott sei Dank, solange wir leben, meistens
noch korrigieren, wenn wir wollen.

Deshalb sage ich: Lieber falsch entscheiden als gar nicht. Das
schließt selbstverständlich nicht aus, dass es zu schwierigen
oder sogar tragischen Lebenssituationen führen kann.

Beispielsweise bei der falschen Ehepartnerin oder dem falschen Ehepartner ist das Korrigieren im Sinn eines Rück-
gängig-Machens – nach katholischem Verständnis – nicht möglich. Da kann man nur bitten: Bleibt um der Kinder willen
zusammen. Aus einer unglücklichen Ehe kann immerhin noch
eine treue Ehe werden, auf der viel Segen ist. Das ist wie bei einem Priester, der das Gefühl haben mag, sich falsch entschieden
zu haben. Aber Gott hat dich angenommen. Jetzt mach aus der
Not eine Tugend! Bleibe ein treuer Priester. Mach aus deinen
Möglichkeiten möglichst viel Wirklichkeit.

Sehen Sie das als Problem des modernen Menschen an, dass er
immer mehr Möglichkeiten hat?

Das ist ganz ohne Zweifel so. Wer die Wahl hat, hat die Qual.
Wir haben in unserer modernen Welt die Anzahl der Möglich-
keiten explodieren lassen. So viel gibt es zu entscheiden: Beruf,
Kinder, Reisen, Religion, Konsumartikel aller Art – es hört gar
nicht mehr auf. Leider ist nur mit den sich vervielfältigenden
Möglichkeiten die Entscheidungsfreude nicht mitgewachsen.
Und ich habe gerade den Eindruck, als brächten die neuen
Wahlmöglichkeiten auch mehr Entschlussschwäche. Deshalb
ist es wichtig, dass die Menschen die Welt mit ihren Phänome-
nen richtig werten. Dass sie sich nicht beeindrucken lassen von

zweit- oder drittrangigen Werten. Oder nur von Blech, und sie meinen, es wäre Gold oder Silber. Deshalb ist auch eine richtige Wertevermittlung an unsere Kinder so wichtig. Wir müssen unseren Kindern klarmachen, was Treue, was Liebe, was Erbarmen ist. Wir müssen ihnen helfen, ihre Möglichkeiten positiv zu nutzen.

„Fähig werden, die Fülle Gottes zu schauen"

FÜRSTIN GLORIA: *Wenn der Mensch seine Möglichkeiten größtenteils ins Negative umsetzt, hat das nach christlichem Glaubensverständnis nach dem Tod Konsequenzen. Der klassische Begriff für das, was bösen Menschen droht, ist die Hölle. Viele Menschen können damit heute nichts mehr anfangen. Im Gegenteil: Der Glaube an die Hölle wird sogar als schädlich angesehen, gerade in der Erziehung von Kindern. Nur noch rund 15 Prozent der Deutschen glauben Umfragen zufolge heute, dass es eine Hölle gibt. Die Existenz eines Himmels halten immerhin 28 Prozent für möglich. Glauben Sie an die Hölle?*

KARDINAL MEISNER: Ja, ich glaube, dass es die Hölle gibt. Und zwar einfach, weil es unsere Freiheit gibt. Der große Theologe Hans Urs von Balthasar hat einmal sinngemäß gesagt, wenn es nur den Himmel gäbe, wäre er ein KZ. Gott schätzt unsere Freiheit so hoch, dass er uns nicht einmal in den Himmel zwingen will. Denn gäbe es keine Alternative zum Himmel, wäre das gleichbedeutend mit Zwang und so mit eingeschränkter Freiheit. Aber von Balthasar fügte in dem Zusammenhang hinzu: „Ich hoffe, dass in der Hölle niemand ist."

Was stellen Sie sich unter der Hölle vor?

Ganz allgemein ist die Hölle die völlige Abwesenheit der Liebe Gottes. Dante macht den Versuch, diesen Ort oder Zustand zu beschreiben. Daneben gibt es aus der menschlichen Erfahrung viele Bilder des Schrecklichen dafür.

Diesen Zustand kann ich am besten ausmalen mit konkreten Erfahrungen aus meinem eigenen Leben. Ich denke zum Beispiel an meine Kindheit zurück. Ich habe zu Weihnachten Geburtstag und als Kind darunter gelitten, dass nie jemand eingeladen wurde und ich natürlich auch nichts Besonderes geschenkt bekam. Bei meinen drei Brüdern dagegen kamen Freunde nach Hause, und es wurde kräftig gefeiert. Das hat mich so geärgert, dass ich wahnsinnig frech wurde. Es war ein paarmal so schlimm, dass ich mich deshalb als Strafe mit dem Gesicht zur Wand in die Ecke stellen musste. Dort war ich todunglücklich. Schon nach einer Minute hatte meine liebe Mutter Erbarmen und sagte: „Jetzt kannst du wiederkommen." In dem Moment hätte ich mich nur umwenden müssen und wäre sofort wieder zurück unter feiernden und fröhlichen Menschen gewesen. Aber ich war so unglücklich, dass ich sagte: Gerade jetzt nicht! Jetzt bleibe ich hier in der Ecke. Und wenn ich vor Unglück platze!

So hat auch Gott denen in der Ecke gesagt: Euer Wille geschehe. Das ist die Hölle! Der Mensch verdammt sich selbst. Indem er alleine unglücklich sein will. Er bleibt mit seiner Schuld für sich alleine. Aber er sondert sich dadurch nicht nur von den anderen, sondern auch von sich selbst ab. Er kommt in eine Verfremdung hinein: Der, der ich bin, grüßt traurig den, der ich sein könnte. Ich glaube, solche Erfahrungen machen viele Menschen. So abstrakt ist also die Hölle gar nicht, oft ist sie sehr konkret.

Welche Rolle spielt im Zusammenhang mit Schuld, dem Bösen und der Hölle das Fegefeuer?

Auch das ist uns heute sehr fremd, aber es ist eine Realität unseres Glaubens, für die es in der Heiligen Schrift mehrere Hinweise gibt. Ich versuche es so zu erklären: Die Möglichkeiten, die wir in unserem Leben in negative Wirklichkeiten umgesetzt haben, können, sofern wir uns dadurch nicht total von Gott abgetrennt haben, nach unserem Tod noch in positive Wirklichkeiten umgewandelt werden. Das geht hier aber nicht mehr durch unser eigenes Korrigieren, sondern nur durch Buße. Das ist der Prozess der Läuterung, für den wir im Deutschen den Ausdruck Fegefeuer kennen. Dem Feuer wird ja auch eine besondere, läuternde Kraft zugeschrieben.

Aber was ist das Fegefeuer?

Kennen Sie das Gefühl, aus dem Dunklen plötzlich ins Helle zu kommen? Oder wenn Sie abends auf der Straße gehen, und es kommt ein Auto mit Fernlicht entgegen? Dann wird Ihnen schwarz vor Augen. Oder: Wenn Sie lange in einem abgedunkelten Zimmer waren, müssen Sie sich erst langsam an das Licht draußen gewöhnen. So stelle ich es mir persönlich vor, vor das Angesicht Gottes zu treten. Man ist so geblendet von seiner Herrlichkeit, dass einem erst einmal schwarz vor Augen wird. An sein strahlendes Licht kann man sich nicht sofort gewöhnen. Man wird erst Stück für Stück fähig, etwas von der Fülle Gottes wahrzunehmen. Und das Fegefeuer ist sozusagen der Ort oder der Prozess, wo wir, sofern wir noch irgendwelche Schlacken aus unserem Leben mit uns schleppen, so lauter und klar werden, dass wir dieses strahlende Licht schauen können. Es ist die Vorstufe zum Himmel, zur vollkommen Gottesschau, und deswegen ein „Ort voller Hoffnung", wie der Heilige Vater in seiner Enzyklika „Spe salvi" gezeigt hat.

Und beim einen dauert es länger, beim anderen weniger lange?

Wir dürfen das nicht nach unseren zeitlichen Kategorien beurteilen. Aber um im Bild zu bleiben: Einer, der sehr lange im Stockdunkeln gelebt hat, braucht umso länger, um sich ans Licht zu gewöhnen.

Aber es gibt doch keine Zeit mehr nach dem Tod?

Gott ist zeitlos, ewig, ohne Anfang und ohne Ende, aber wir bleiben zumindest insoweit in der Zeit, als wir einen Anfang haben, und den behalten wir auch in der Ewigkeit.

Aber ich dachte, in der Ewigkeit gibt es keinen Anfang und kein Ende mehr!

Doch. Für Gott nicht, aber für uns. Gott ist ewig, ohne Anfang und ohne Ende, also er ist immer. Wir aber sind mit Anfang und nun ohne Ende. Wir waren einmal nicht, und jetzt sind wir.

Dann gibt es für uns aber auch ein Ende in der Ewigkeit!

Nein. Das ist das Herrliche im Himmel: Seligkeit ohne Ende. Und das ist das Furchtbare in der Hölle: Da gibt es auch kein Ende mehr. Darum hat Hans Urs von Balthasar immer gerungen: Kann Gott eines seiner Geschöpfe auf ewig verdammen, wobei wir schon gesagt haben, dass Gott niemanden verdammt, sondern der Mensch verdammt sich selbst. Aber ein sich selbst ewig verdammender Mensch unter den Augen Gottes ist für uns schon schwer vorstellbar. Oder ist seine Barmherzigkeit nicht doch immer größer als die Gerechtigkeit? Oder ist die Hölle nicht doch nur Fegefeuer, in dem ich fähig werde, etwas von der Fülle Gottes in mir wahrzunehmen und aufzunehmen? Wir wissen es nicht. Aber Jesus redet in den Evangelien immer wieder sehr deutlich von der Hölle.

Hitler und Stalin sind also erst einmal in der Dunkelheit gelandet, und zwar sehr lange.

Ich weiß, ich darf mich hier nicht von meinem Gefühl leiten lassen. Aber bei all dem, was sie Menschen an Bösem angetan haben, fällt es mir schwer, mir vorzustellen, dass sie „nur" im Fegefeuer und nicht in der Hölle sind! Dennoch muss ich sagen: Was im letzten Augenblick passiert ist, bevor Hitler sich erschoss – das weiß nur Gott. Hat er vielleicht doch bereut? Hier kommen wir in die Fragen, die ein Mysterium Gottes bleiben, da wir letztlich die Größe der göttlichen Barmherzigkeit ebenso wenig ermessen können wie das Ausmaß des Bösen in der Welt. Auch Hans Urs von Balthasar hat eingeräumt, er könne Gottes Barmherzigkeit nicht übereinbringen mit all dem Bösen, das Menschen tun. Und er hat sogar die Frage gestellt, ob Gott wirklich auch bei den ganz Bösen seine Liebe nicht verliere. Wir können es letztlich nicht ergründen.

Ich glaube, das ist der Grund, warum viele weitgehend areligiöse Menschen insgeheim hoffen, dass es einen Gott gibt. Sie werden die Gedanken nicht los, dass es vielleicht doch nach dem Tod so etwas wie einen Ort gibt, an dem wir Rechenschaft für unser Leben ablegen müssen. Und dann hofft nun mal jeder von uns auf Barmherzigkeit. Für mich zum Beispiel ist der Gedanke ausgeschlossen, dass ich in meinem irdischen Leben tun und lassen kann, was ich will, ohne dass das nach dem Tod Kon-

sequenzen hat. Ich stelle mich lieber mal darauf ein, dass ich vor einen Richter treten muss.

Herr Kardinal, lassen Sie uns aber nach dem „Abstieg in das Dunkel der Hölle" zum Abschluss noch einen Blick nach oben werfen – in die Herrlichkeit des Himmels. Mit der Vorstellung des Himmels tun sich die Menschen naturgemäß leichter als mit der Hölle. Wie schwer ist es, in den Himmel zu kommen?

Der Mensch als Ebenbild Gottes hat seine Berufung darin, zum Urbild zurückzukehren. Darum glaube ich, dass es schwerer ist, in die Hölle als in den Himmel zu kommen. Damit meine ich keine billige Gnade wie in dem Karnevalslied: „Wir kommen alle, alle, alle in den Himmel." Jesus sagt uns im Matthäus-Evangelium, dass das Tor eng und der Weg schmal ist und dass nur wenige ihn finden. Aber damit wir dieses Ziel erreichen, dafür ist Jesus doch zu uns gekommen. Und er hat es sich sein Leben kosten lassen. Außerdem dürfen wir nicht vergessen, dass Gott unsere Entscheidungsfreiheit sehr achtet. Auch in die Hölle kommt nur, wer wirklich in die Hölle kommen will, wer unglücklich werden will, wer nicht geliebt werden möchte. Aber wer will das? Ich kann mich noch sehr gut an ein Gespräch mit einem glaubenslosen Menschen erinnern. Ich wollte ihm eine Brücke zu Gott bauen, indem ich ihn fragte: „Möchtest du ungeliebt sein? Glaubst du, dass ein Mensch die Worte über seine Lippen bringt: Ich möchte niemand haben, der mich liebt?" Da stöhnte er – als Atheist – auf und sagte: „Das wäre ja die Hölle!" Genau das ist die Hölle, niemand zu haben, der mich liebt. Aber welcher Mensch möchte das?

Ich hoffe, niemand.

Ja, aber ich frage Sie: Woher hat ein Atheist ohne Religionsunterricht die präzise Kenntnis dessen, was die Hölle ist? Darum glaube ich, dass auch jeder Mensch eine unstillbare Sehnsucht nach dem hat, was der Himmel ist, und danach, dort zu
sein, wo man bedingungslos geliebt wird. Der Weg zum Himmel geht durch diese Welt über den Tod. Unser Glaube als
Christen ist es, dass Jesus, der Sohn des lebendigen Gottes,
durch den Tod ins ewige Leben, in den Himmel gegangen ist.
Und er hat uns Menschen die Möglichkeit gegeben, ihm
nachzufolgen – so wie Maria. Und genauso wie sie darf auch
jeder von uns dieser Berufung folgen. Ich kann für mich sagen:
Es lohnt sich, aus dieser Hoffnung auf den Himmel zu leben.
Und sie ist zugleich schon ein bisschen der Himmel auf Erden.